蘇州長物

苏州长物·城

苏州市科学技术协会 编

文匯出版社

编委会

主　　编： 程　波

编　　务： 张亿锋　庞　振　吴英宁　沈思艺　钱晓燕

撰　　稿： 怀　念

摄　　影： 宏　喜　周建根　质　文　富唯谦

（人物照片由作者提供，面品照片由各家面馆、江苏骏驰文化传媒有限公司综合整理提供，糕点照片由得月楼提供）

科学顾问： 陈　飚

序

"江南好,风景旧曾谙。"如果说,江南是中国文人心目中的一方诗意乡愁,那么江南文化就如同中华文化的一个美丽之梦,是中国梦最优雅、婉转、诗情的部分,而苏州无疑是这段典雅章回的重要叙述者、书写者。苏州承载着从古至今人们对江南最美好的记忆与想象,也是"最江南"的文化名城。苏州之江南文化经典形象也早已深入人心,成为无数人的精神家园。

"美美与共,天下大同",科技与文化的深度融合成为当今时代的大势所趋,科技的最高境界无疑是用其来理解文化之美,实现人类文明的大发展、大繁荣。苏州是一座将科技与文化完美融合的城市,古代状元之乡,当代院士之城,从科举到科学,苏州生生不息汲取吴文化博大精深、源远流长的天然养分,深深烙印上崇文重教、包容创新的城市基因。因此,将科普与文化、艺术、旅游等相结合,催生科普的新活力、新动能,成为苏州科普工作者的重要责任。

文化传承和科技创新从来都离不开乡土记忆,古有文震亨《长物志》,共十二卷。内容分室庐、花木、水石、禽鱼、书画、几榻、器具、位置、衣饰、舟车、蔬果、香茗十二类,是一部古代的江南文化生活和文人情趣的重要著述。今天我们编辑的"苏州长物"系列口袋书,将"苏样""苏意""苏工""苏作"参互成文,将古城、古镇、古典园林等经典江南文化遗存,昆曲、评弹、苏剧、苏绣等绝世江南文化瑰宝,乌鹊桥、丁香巷、桃花坞、采香泾等唐诗宋词里裁下的江南美称,一一记叙,为大家科普其中的科学内涵,让科学与生活、自然、人文高度融合,雅俗共赏,梳理、挖掘和整理苏州本土的自然、人文、风物、科技等,将苏州的江南文化以准确、朴实、生动的科普语言传递出去。

我们愿与广大读者一起构筑江南文化的最鲜明符号，延续江南城脉的最深厚底蕴，书写江南记忆的最精彩笔墨，加快锻造文化软实力和核心竞争力，让文化为城市发展高位赋能！

期待"苏州长物"系列口袋书能成为宣传苏州文化软实力、提升苏州市民科学文化素养的随身宝囊！

苏州市科协党组书记、主席

2021 年 7 月

前言

苏州古老的文明,始于一万多年前的旧石器时代。20世纪70年代,唯亭草鞋山遗址考古发现了几乎跨越太湖地区新石器时代到先秦历史的全部编年的文化堆积层,被誉为"江南史前文化标尺"。而20世纪80年代发掘的三山岛遗址是苏州迄今为止发现的最早遗址,把吴地的人类文明史从新石器时代向前推进到了旧石器时代,这也是长江下游地区第一次发现的旧石器地点。

苏州古城就是在这片土地上,开始了灿烂的农耕文明。位于长三角的地理环境,决定了苏州低湿的陆地环境,水乡泽国,地广人稀,曾被看作"蛮荒之地"。伍子胥筑阖闾大城后,苏州城街河相邻的双棋盘格局基本定局且在其后的发展中不断完善。水泽的治理和利用中塘浦圩田的开发,为稻作、桑蚕、渔业等不同农业形式创造了条件,从而孕育了"江南鱼米之乡"。

在历史的长河中,人们在生产生活中改变着自然景观的同时,累积起丰厚的历史遗存,从各种有形的物质形态,如古城、古镇、古村以及散落在其中的园林胜迹、街坊民居、古道、古桥、古码头等,到无形的戏曲、语言、民俗民风等,展现了先民建设江南水乡人居环境的经验和智慧,给后世遗留下大量的文化遗产。苏州城市的最新发展,也体现着不同的文化氛围,特别是改革开放40年来的发展,被形象地表述为"大城时代",苏州从"运河时代"迈向"太湖时代"。每一座城市自出现之日起就处于不断更新的过程之中,我们纵观苏州的历史就会认识到,苏州的城市更新有着深厚的积淀。

城是人造的自然。溯源苏州古老文明的发端,梳理传统人居聚落发展脉络,探求和这座城市有关的风物、节俗、芸芸生业……我们才能读懂"何以苏州"。

目录 | Contents

人居典范

人间天堂

- ☐ 古城密码 ·· 4
- ☐ 城门城墙 ·· 10
- ☐ 古建老宅 ·· 18
- ☐ 园林名胜 ·· 30
- ☐ 市井小巷 ·· 42
- ☐ 苏城格局 ·· 52

古镇古村

- ☐ 营造 ·· 58
- ☐ 形制 ·· 67
- ☐ 生态 ·· 72
- ☐ 耕读 ·· 78

不时不食

稻花香里说丰年

- ☐ "苏湖熟，天下足" ································ 85
- ☐ 农学 ·· 87

"美食智慧"

- ☐ 食"数"密码 ·· 90

- □ 非遗船点 …… 97
- □ 玄妙观小吃 …… 102
- □ 阳澄湖大闸蟹 …… 108
- □ 碧螺春 …… 110
- □ 枇杷杨梅洞庭红 …… 113

岁时节令的一年

- □ 冬至 …… 119
- □ 春节 …… 120
- □ 元宵节 …… 124
- □ 山塘看会 …… 125
- □ 轧神仙 …… 125
- □ 端午节 …… 126
- □ 观莲节 …… 127
- □ 中秋节 …… 128

人文之邦

崇文尚学

- □ 从尚武到崇文 …… 134
- □ "负薪读书" …… 137
- □ 兴学 …… 139

姑苏文盛，人才辈出

- 五百名贤祠 …………………………………… 142
- 古代科技人物 ………………………………… 148
- 状元之城 ……………………………………… 151
- 院士之城 ……………………………………… 157

人居典范

平江圖

一座姑苏城，半部江南史。作为全国第一批历史文化名城之一，苏州是全球首个"世界遗产典范城市"、中国首个加入世界遗产城市组织的城市。在城市发展上，苏州是唯一同时获得联合国人居环境奖和李光耀世界城市奖的城市。如今，苏州的体量已远远超出"四角山水"的范围，从"大苏州"的空间脉络出发，把古城保护与江南水乡生态保护作为一个有机整体，以"古城+山水+生态"的思路一体推进。隽山为屏，四角为楔，苏州构建了"人工山水城中园"的艺术特色和"自然山水园中城"的生态空间。

Q：苏州城市规划是从什么时候开始的？

A：早在20世纪20年代，苏州人已经用现代的眼光规划这座城市，1927年完成的苏州《工务计划》是我国目前所能看到的最早的一个现代意义上的城市规划。1957年，苏州编制了《苏州建设规划（草案）》，提出在古城西侧开辟新区的设想，但规划并未深化，实施更无从谈起。1986年6月，值苏州纪念建城2500年之际，国务院批复同意《苏州市城市总体规划》，批复明确了苏州是我国重要的历史文化名城和风景旅游城市，确定了苏州城市建设方针："全面保护古城风貌，积极建设现代化新区。"此后，苏州城市总体空间格局逐渐发生了一系列变化。

Q：什么是古城细胞解剖工程？

A：古城细胞解剖工程就是把传统民居等建筑物、构筑物看作构成古城结构的"基本细胞"，以街坊为单位，对区域内各类保护对象和历史遗存开展全要素、全覆盖的深度普查，进行人文历史信息挖掘和其他既有建筑信息排查，对部分文物建筑进行精细化测绘和BIM系统建设，试点实施数字化保护。从2020年12月开始，苏州市对古城的54个街坊、14.2平方公里内的房屋、古井、桥梁等每一个组成古城的"细胞"开展普查工作。

苏城360度全景图

人间天堂

古城密码

很多时候,想念一座城市,其实是想念这个城市的一个人,以及与这个人相关的一些人和一些事。如果你有幸住在苏州,苏州长物就不再是你的念想,而是你细水长流的生活方式。

来苏州的人,十有八九要去的打卡地就是平江路。如果你从干

苏州长物·城

将路入口进去，会看见一个亭子，亭子里有块石碑，上面刻的是《平江图》，这是复制件，原件保存在苏州文庙碑刻博物馆里。此碑高2.84米、宽1.45米，保存着中国至今最完整的古代城市图。

平江是苏州南宋时的名称。南宋建炎四年（1130），金兵南下，唐代城市建设基础上的平江城遭遇战争重创，后经淳熙、嘉定年间（1174—1224）两次大修，于南宋绍定二年（1229），由郡守主持，为修葺一新的平江府城勒石造碑，留下了这座城市完整的影像。图中有古今名称及位置未改的5处城门：阊门、齐门、娄门、盘门、葑门；3处宝塔：瑞光塔、北寺塔、罗汉院双塔；65个街坊、6大营寨；65座坊表；250余处庙宇、殿堂；359座桥梁（其中有名可考的285座）；6条南北向主河道、14条东西向主河道；7条南北向主干道、4条东西向主干道，城市主格局近800年未曾改变，堪称世界城市建筑史上的奇迹。

苏州是全国首批公布的历史文化名城之一。"苏州"之名起用于隋开皇九年（589），隋文帝杨坚取姑苏山之名，将原"吴郡"改为"苏州"，其历史根据文献记载可追溯至周敬王六年（前514），彼时，吴王阖闾令伍子胥建造阖闾大城，由此揭开了苏州古城的历史序幕，迄今已有2500多年了。伍子胥"相土尝水，象天法地，造筑大城"。阖闾大城以天地为规划模式，在城门的种类、数目、方位、朝向以及门上龙、蛇的装饰等方面，赋予其丰富的象征意义，使城市的规划布局和建筑的造型都体现了天地人合一的哲学思想。

之后经过千余年的发展，唐代苏州城市建设达到了顶峰，全城有60个坊、300多条街巷、300多座桥梁，宏伟壮丽。进入宋代，苏州的繁荣超过唐代。从北宋政和三年（1113）至元末至正

盘门三景秋意正浓

苏州长物·城

阊门城墙

二十七年（1367）的250余年间，苏州先后改为平江府和平江路的治所，苏州城改称平江城。南宋建炎四年（1130），金兵南下攻入苏州，城市遭到极大破坏，但苏州人以独特的智慧和顽强的毅力恢复重建，并且留下了一张重建完成后的"城市现状图"，这就是举世闻名的《平江图》。

　　从《平江图》上不但可以解读出大量的历史信息，更可以形象地感受到苏州城"双棋盘"格局的鲜明特色。城中较大的河道纵六横十四，数量之多，分布密度之高，都是其他城市所无法相比的。

苏州长物·城

苏州城河道的走向呈南北或东西的直线状，组成了比较规整的方格状水网。由于道路与河道平行，由道路编织成的路网和由河道汇合成的河网几成重叠状，生动地凸显了所谓"河街相邻、水陆平行"的双棋盘式的城市平面布局形态。正是因为有了"双棋盘"格局，才维系了这座城市千年的稳定，将这座古城永恒地锚定在这片土地上。

用今天的苏州古城航测地图与宋《平江图》相对照，你会惊奇地发现，虽然相隔近千年，但古城的总体框架、骨干水系、路桥名胜与之前基本一致，这在世界建城史上十分罕见。

齐门城墙

城门城墙

古代苏州城依水而筑,城门城墙早期均为土筑,后改为砖石修筑。据记载,伍子胥造阖闾城时,建有八座水陆城门:西面阊门、胥门,南面盘门、蛇门,东面娄门、匠门,北面平门、齐门。其实,八座城门的名称史料记载也有差异,比如,北宋朱长文《吴郡图经续记》中就没有平门,而有葑门;平门又称巫门,和赤门一起不列

入八门。为何要开八个水陆城门？据唐陆广微《吴地记》载："陆门八，以象天之八风。水门八，以象地之八卦。"陆城门分内外二重，两门不在一条中轴线上，这样的结构可以迷惑敌人进入，中间设有"瓮城"。水城门和陆城门并列，也分内外二重，都用条石砌筑成拱形门洞，可以容纳两条船并肩而过。水陆城门都设有巨大的闸门，控制往来行人与船只，其中水城门既有防御功能，也可控制城内河道水位，起到防洪、泄洪的作用。

相门城楼

  由于各个历史时期的特殊原因,八座水陆城门基本不是同时开启的。吴时,因为越国的关系,东门是不开的。唐代八门洞开。宋初蛇门、匠门不开,只开六门。南宋时为了防守需要,就只开阊门、齐门、娄门、盘门、葑门五门了,所以《平江图》里有五座城门。民国时期,先后增辟和重辟金门、平门、相门和新胥门。1949年苏州解放时,苏州共有阊门、胥门、盘门、葑门、相门、娄门、齐门、平门、金门、新胥门十座城门。可惜1958年之后,这些城门陆续被拆除,只留下盘门、胥门和金门。

  每一座城门都有它自己的传说和故事,都有它们的来处和去处。有城门就有城墙,每一段城墙也有从古到今属于它们自己的故事。

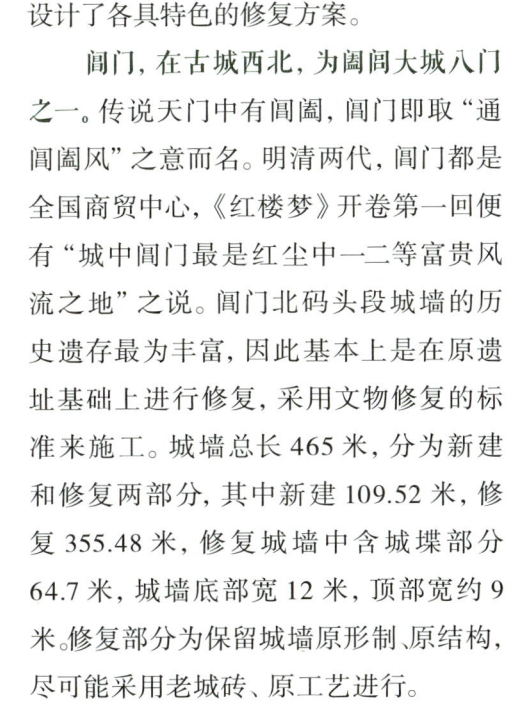

1982年，苏州成为首批24个国家历史文化名城之一。此后，苏州创新性地提出"保护古城，建设新区"的城市发展战略，古城保护工作恢复启动。城门、城墙是苏州古城的重要标志，在社会各界的共同努力下，苏州城墙的恢复修建工程也一直在不断推进。

2011年4月，苏州市决定对古城墙实施保护性修复，并明确分为相门段、阊门北码头段和平门段三个试验段。在修复的三段城墙中，根据所处的不同区位、不同开发项目、不同周边景观、不同文化底蕴，进行了统一规划、整体策划，设计了各具特色的修复方案。

阊门，在古城西北，为阖闾大城八门之一。传说天门中有阊阖，阊门即取"通阊阖风"之意而名。明清两代，阊门都是全国商贸中心，《红楼梦》开卷第一回便有"城中阊门最是红尘中一二等富贵风流之地"之说。阊门北码头段城墙的历史遗存最为丰富，因此基本上是在原遗址基础上进行修复，采用文物修复的标准来施工。城墙总长465米，分为新建和修复两部分，其中新建109.52米，修复355.48米，修复城墙中含城堞部分64.7米，城墙底部宽12米，顶部宽约9米。修复部分为保留城墙原形制、原结构，尽可能采用老城砖、原工艺进行。

相门，在古城东，原名匠门。 据传，春秋时吴国匠门一带曾是各种手工工匠聚居之地。相门段古城墙是作为环古城风貌带重要景点来设计的，城墙总长 635 米，其中新建城墙 350 米，恢复城墙遗址 260 米。城墙底部宽 12 米，顶宽 9 米，高度 8.45 米。由南往北依次建有水陆城门三座，在陆城门城墙上，建有一座两层城楼，最高高度为 23.62 米。城楼在建造的工程中没有使用一根铁钉或钢筋，完全采用传统的材料和传统的施工工艺，以达到传统建筑的效果。城墙内部建有城墙博物馆，用于展示苏州城墙的史料。

　　平门，在古城北，为阖闾大城八门之一。 平门早在北宋时就已堙塞，后来城垣屡修却不再开城门。1927 年，为便利城内外交通，平门重辟，但未建城楼和水门。2011 年起，相关部门依法修复古城墙平门段，将城门原址西移，加建仿古城楼，楼西面又重建城墙，以白石为基，以青砖叠砌，新建的城墙蜿蜒长达 346 米，墙上通道宽 6 米，青砖铺就，雉堞箭垛，一如旧观。城楼高 24.5 米，以木结构为主，采用香山帮传统古建技艺营造，大构件全部靠榫卯竹钉连接咬合，立柱采用菠萝格，横梁为松木。

　　盘门，在古城西南，古称蟠门，门上曾有木刻蟠龙，以示震慑越国，又因其"水陆相半，沿洄屈曲"而名盘门。 盘门为阖闾大城八门之一，也是全国现存唯一的水陆并列的古城门，大运河在此环抱城垣，曾是苏州的水陆交通要道。现存城门为元朝之物，仍然巍然秀丽。自 20 世纪 80 年代起，"盘门三景名胜"开始筹建，整修了盘门城墙、瓮城，重建抗战时期被日寇炸毁的城楼，修复伍相祠，大修瑞光塔。此后，盘门地区一直是以文物、名胜古迹为重点，保持和继承苏州传统风貌的"古城一角"。

　　胥门，在古城西，为阖闾大城八门之一。 和阊门一样，这里自古就是苏州城最繁荣、最热闹之地。战国时，春申君黄歇测知太湖的水位高过苏州，为免城内遭泛滥之灾，把胥门加以封闭，此后胥门便无水门。现存的胥门是元末重建的，经明清两代重修，为苏州

苏州长物·城

"天空之门"

15
— 人间天堂 —

除盘门外仅存的古城门。为了保护好、传承好胥门古城墙的历史风貌，2021年3月，重点对西侧城墙存在的裂缝、空鼓、城砖缺失等进行修复，对东侧城墙局部坍塌部位加固修复，对城墙顶部外露夯土铺设方砖，并增设女儿墙、箭垛等设施。在保护性修缮完成的基础上，对该段城墙进行亮化提升。在胥门古城墙靠近姑胥桥公交站的位置，顺着阶梯往上看，门框造型的城墙背后便是澄净的天空。蓝天白云映衬在门框中，有一种直通云霄的感觉，故而此处被称为"天空之门"。

齐门，在古城北，因门朝向当时的齐国而得名，为阖闾大城八门之一。2013年，齐门桥以东段城墙被列入古城墙修缮二期工程，进行了为期半年的修复改造。虽然这段城墙没有城楼，也没有城门洞，但有三种形式，即实体城墙、残坡城墙和遗址城墙，其中实体城墙长450米，遗址城墙长400余米。残坡城墙在实体城墙两端，边上砌有台阶，可供游人登上城墙顶。

娄门，在古城东北，相门以北，为阖闾大城八门之一。娄门是苏州城东水上交通枢纽，由至和塘可往昆山、太仓。清初重建门楼后，题以"江海扬华"额。2013年娄门段城墙得以修复，新建一段200米长的城墙，修缮110米长的完整古城墙，其中遗址城墙长91米，城墙上新建一座四层结构的城楼，为了不改变原状且最大限度地保存其含有的历史信息，修缮时全部采用原法式、原工艺，用老砖石材料施工。

蛇门，在古城南，为阖闾大城八门之一，门朝向越国。宋初此门被填塞废毁。蛇门是苏州八座城门中唯一没有遗址的地方，也是八门中唯一用动物来命名的城门。古蛇门遗址在觅渡桥对岸的桂花公园内，环古城风貌工程中在此恢复一段城墙并增建角楼，与觅渡桥遥相呼应，成为一组景观。

金门，在古城西，阊门之南，是苏州城门中最年轻的一座，建于民国时期。金门是近代建筑，因此它的造型吸收了欧式城堡建筑

苏州长物·城

齐门城墙

风格，城门基础由混凝土填筑，有 2.7 米高的石垣，上为城砖叠砌，墙体总高 10.2 米，总长 17.2 米，厚 5.8 米，上有飞檐斗拱，下设三门，中间大拱门，门下为车行道，两侧小拱门，门下为人行道。多年来，金门经多次修筑，但基本保留了原貌。

今天到苏州来的人们，如果对苏州古城墙感兴趣，可以实地看看，用手数一数箭垛，用脚量一量尺寸，用你的全身心感受城头猎猎旗风，城下滔滔流水，所有城墙都是可以零距离亲近、无距离触摸的。沿古城河健身步道，盘门东段城墙、南园段城墙、胥门城墙、阊门城楼城墙、相门城楼城墙和平门城楼城墙连成了一个环古城风光带，坐游船可以一览所有景观。

赏心乐事谁家院

古建老宅

2500多年前,伍子胥以水入手,依水构划了街河平行、纵横贯通的城市格局,建筑群落因着水系错落有致,收放有度,步移景迁。此后,历朝历代的人们在此因地制宜地建起了类型各异的民居宅园,逐步形成了临水而筑、临巷而建的民居群落,构成了江南典型的"因水成街""因水成市""人家枕河"的城市景观面貌。

如今,古宅、古街、古桥、古园,仍静守着岁月。苏州的古建老宅面广量也大,在漫长的历史发展中,客

苏州长物·城

暗香浮动

观记载了各个时期的人文环境、社会经济、时代精神等重要信息，展现出极强的多样性特征，无论是建筑形式还是风格特征，都体现了江南水乡浓厚的地域风貌。不同身份的宅主，比如状元、文人、官宦、商贾等，他们不同的生活习性、审美情趣，为其所营造的宅第民居带来了风姿各异的人文品味。

由于苏州经济富庶、社会安定，同时又有高超的建筑技艺，因此历代状元、进士、官宦纷纷在苏州购置地产、大兴土木，所以苏州的状元府和官宦建筑也多。苏州市区现存的状元府有10座，包括申时行故宅，文震孟故居，彭定

礼耕堂门楼

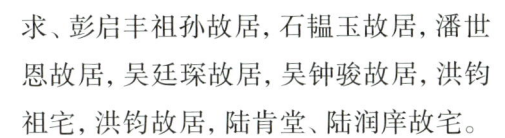

求、彭启丰祖孙故居，石韫玉故居，潘世恩故居，吴廷琛故居，吴钟骏故居，洪钧祖宅，洪钧故居，陆肯堂、陆润庠故宅。

在清末和民国初期，苏州城里有"彭、宋、潘、韩"四大望族，其中潘家就是指以状元潘世恩为代表的潘氏宗族（"贵潘"）与以富商潘麟兆为代表的潘氏宗族（"富潘"）。他们在苏城购置了众多房产，并造园筑屋，留下了一批有历史文化价值的老宅。最为显赫的是"贵潘"家族，自乾隆年间开始，这个家族以一状元、两探花、八进士、三十六举人的成就成为清代姑苏官绅的典型代表，有"天下无第二家"之美誉。"贵潘"家族子孙众多，在苏城建有众多宅第，至今还留下十余处老宅，其中"贵潘"家族代表人物、状元宰相、四朝元老潘世恩的故居经过保护性修复后已转身成为苏州市状元博物馆。潘世恩的孙子潘祖荫探花出身，为晚清重臣，其故居在南石子街6—10号，为仿祖父潘世恩在京城御赐圆明园宅第格式而建，"海内三宝"之二的西周青铜器大盂鼎、大克鼎，当年就埋藏在这所宅子里，躲过了侵华日军七次搜查，得以完整保存。

苏州自古宗教兴盛，明清以来寺庙道观鳞次栉比，形成了独特的宗教文化氛围，也留下了不少宗教建筑，如卫道观、轩辕宫、蒋侯庙等。此外，还有会馆祠堂、官署建筑、金融业建筑、文化教育类建筑、商业服务型建筑、行政建筑等，所反映的建筑艺术和历史文化均有其独特的时代特色。

作为苏州历史变迁最为真实的见证之一，民国建筑也是苏州发展不可或缺的一页。20世纪二三十年代，随着外来文化的传入，苏州新兴的建筑，无论是形制还是样式都发生了很大的变化，与此同时，苏州独特的历史文化影响仍存，所以还出现了一些带有古典园林风貌的近代住宅建筑，比如位于景德路儿童医院内的荫庐就是一处融西式建筑和中式园林为一体的花园别墅。

很多古建老宅往往是由数个或数十个院落组合而成的，而每个院落则由一进房屋、一个天井组成。这些院落一般按轴线规整排列，在全宅中轴线上排列的一组院落为正落，依次建有门厅、轿厅、大厅和内厅（一般为二层楼厅）；正落两侧的院落为"边落"，一般设花厅、书房、次要住房和杂屋等。规模大的老宅有六七落之多，正落和边落之间设有备弄，以方便交通和分隔空间。正落一般由父辈居住，子辈则居住在边落，这也是受封建儒家思想的伦理纲常所影响。

苏州古建老宅作为苏式建筑的杰出代表，具有以下几个特点：一是色彩以黑、灰、白三色为主，简洁素朴；二是以木结构框架组成建筑主体，高超的榫卯技艺体现

苏州长物·城

许乃钊旧居

粉墙斑驳，屋檐沧桑（左右图）

了香山帮匠人的匠心巧思；三是建筑外观优美轻巧，淡雅的屋面、飞翘的戗角、柔美的屋脊、素洁的墙面、多变的门窗，无不给人以飘逸空灵的美感；四是装饰样式繁多，挂落、隔扇、飞罩、花窗等，造型多样，且极尽精雕细琢之能事，堪称精品。

然而，随着时间的推移，留存下来的这些古建老宅很多已经失去了往日的光辉。粉墙斑驳，屋檐沧桑，窗棂陈旧……如何对这些有形的古建筑以及蕴藏其中的历史文化信息进行保护、传承、发展，是这个时代必须面对的重要课题。古建老宅作为古城记忆，既要"修旧如旧"，又要有活化利用的基础，施工图审查是个重要环节。苏州在全国范围内首先对古建老宅采取"一

宅一方案"的施工图审查方式，针对古建筑的修缮，以专家咨询会的方式开展施工审查。施工过程中严格以修复保护方案为依据，遵循"不改变文物原状，最低限度干预，使用恰当的保护技术"的原则，按原工艺、原材质、原形制进行修复，最大限度地保留老宅风貌。局部增加的加固措施应当可以识别，并尽可能可逆，或至少不影响以后进一步的维修保护。

　　古建老宅复杂的产权关系是活化利用的现实难题。苏州以"只求所在，不求所有"为原则，将部分古建老宅推入市场，鼓励社会资本介入。如王洗马巷7号的任道镕旧居，相关部门在对古宅进行保护性修复后，2014年，其产权办理到出资社会力量名下。

潘祖荫故居回廊

  修复后的任道镕故居在维持现有格局不变的前提下，主要作为居住空间使用。根据文物保护相关法律法规中"谁使用谁负责"的原则，维修保养费用也由使用者承担。2019年，任道镕旧居升格为江苏省文物保护单位。

  如今，更多承载着记忆和乡愁的古建筑得到保护更新并被植入了新功能，成为公共活动空间、酒店民宿、文化艺术空间等，它们藏身于一座座传统院落之间，得到了充分的活化利用。如位于十梓街116号的

苏州长物·城

庭空鸟语——费宅

顾廷龙故居，2020年被列为"江南文化"品牌塑造三年行动计划重点项目，现租赁给一家文化企业，企业利用自身的行业优势，打造了一个融美术馆、艺术众创空间为一体的全新艺术基地，通过举办艺术展览、讲座、研讨会，打造产业孵化基地、顾氏陈列馆等方式将老宅活化。位于建新巷29号的吴古庭故居则是尝试将总部经济引入古建老宅，以姑苏千年文脉赋能当代企业发展。将总部经济引入古建老宅，是传统与现代经济形态的一次碰撞，能够让沉睡遗产变成鲜活资产。

沧浪亭胜迹桥

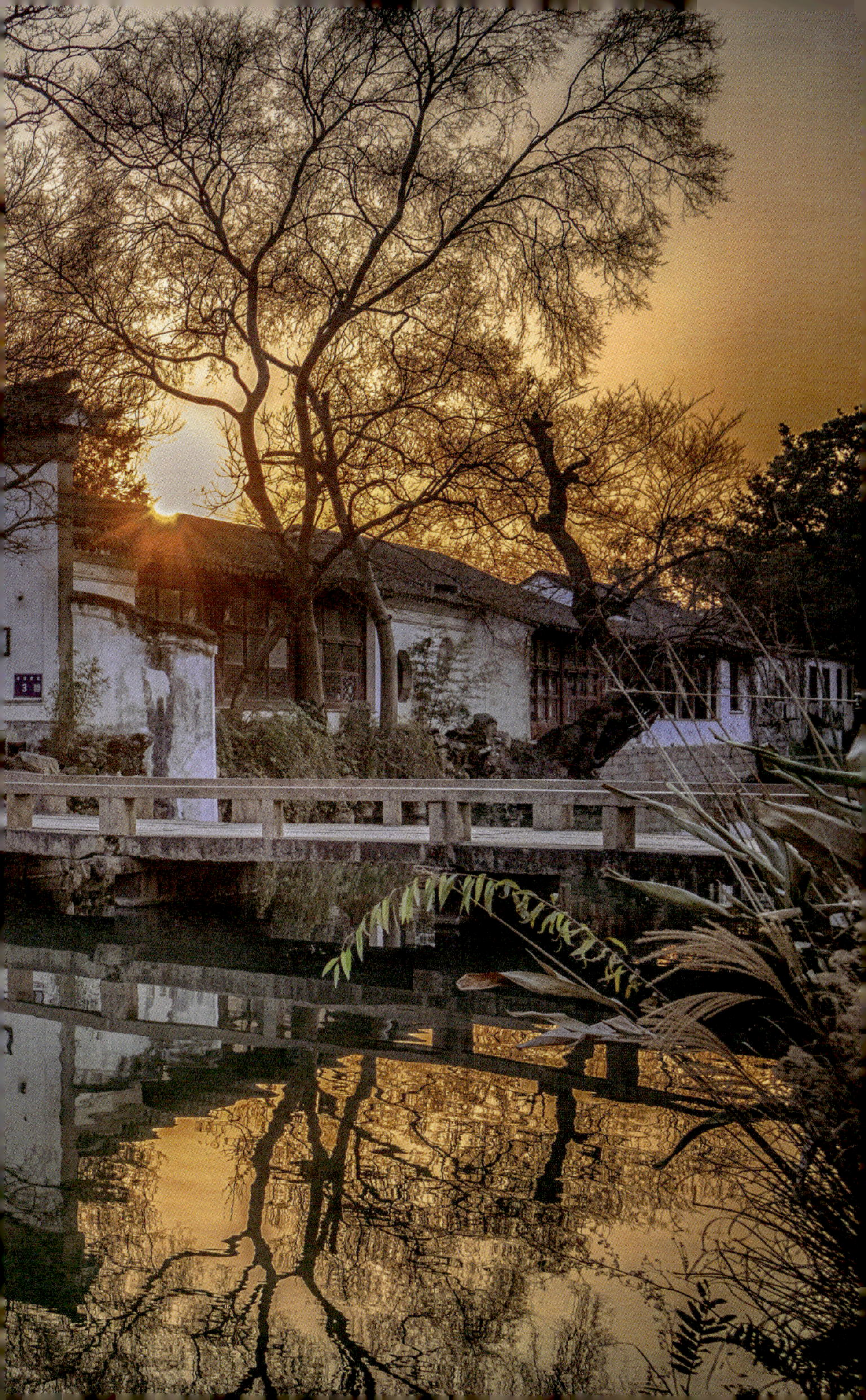

留园（左右图）

园林名胜

苏州一直以"园林之城"闻名于世，园林不仅是苏州的金字招牌，也是苏州古城历史文化的重要载体。1997年，留园、拙政园、网师园和环秀山庄这4座苏州古典园林，被联合国教科文组织遗产委员会列入世界文化遗产名录。2000年，艺圃、耦园、沧浪亭、狮子林和退思园，作为苏州古典园林的扩展项目被批准列入世界遗产名录。

苏州长物·城

天堂苏州，百园之城，延续城市文脉，实现群体保护。2015—2018年，苏州市政府先后公布了四批《苏州园林名录》，108座园林位列其中。9座世界文化遗产，108座全面开放的园林，举世无双，独一无二。苏州古典园林之美如诗如画。

自春秋吴王建苑囿别馆、姑苏台、长洲苑，苏州园林始发端。晋室南迁，辟疆园、虎丘别墅等山水园林兴起。六朝以来，寺观大兴。自五代至北宋，苏州造园达到顶峰。宋代之后，以苏舜钦沧浪亭、朱长文乐圃为代表的文人园显著增多。范仲淹不修私园创府学，为

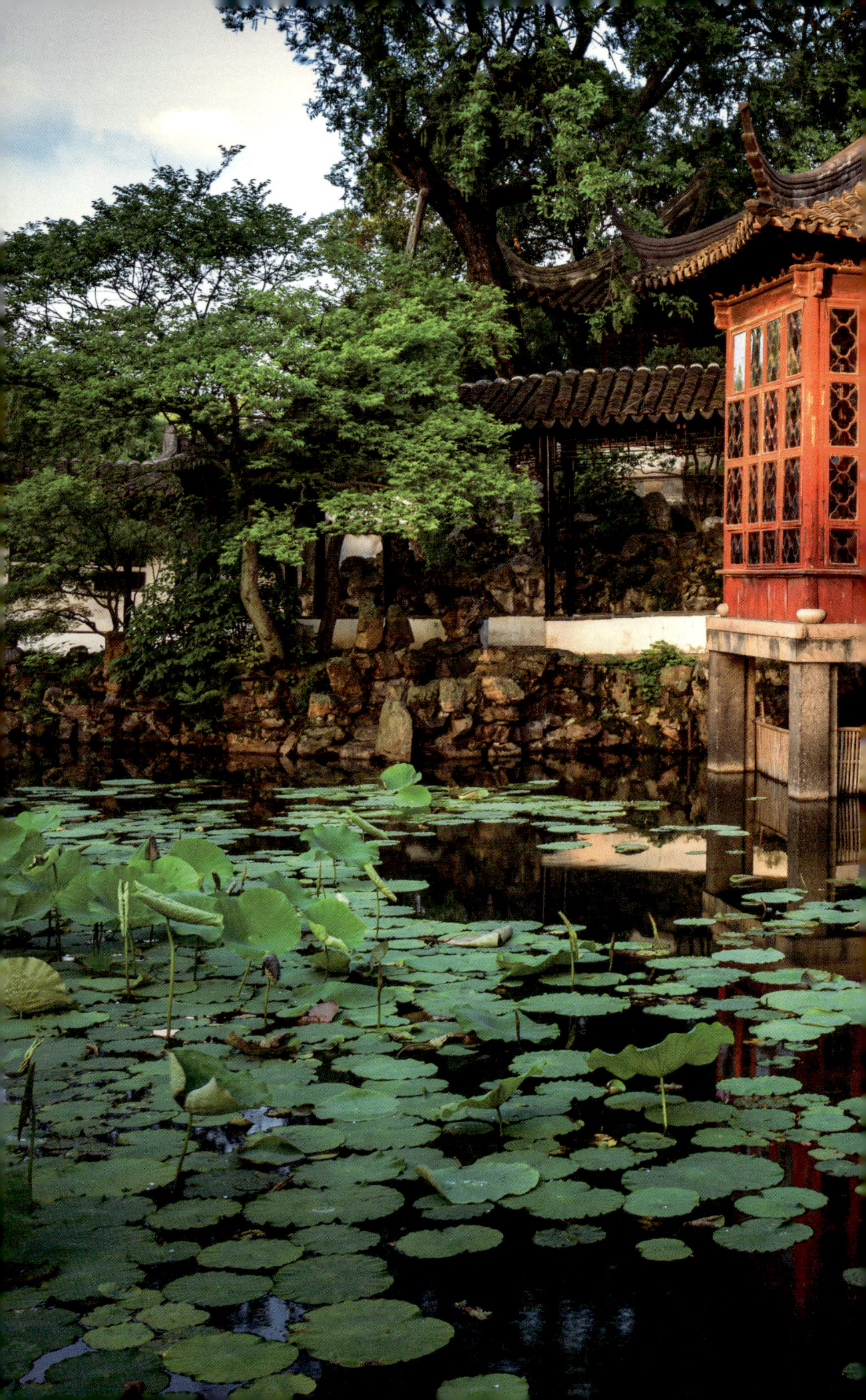

拙政园

耦园（左右图）

苏州书院园林之始。还有一种以种花叠石为业的花园子。明中叶至清中期，苏州半城园亭，累计300多处，其中90%以上为私家园林。《苏州府志》记载，苏州园林周代6处、汉代4处、南北朝14处、唐代7处、宋代118处、元代48处、明代271处、清代130处。以宅第园林为主，还有寺观祠庙、会馆公所、衙署书院，乃至茶肆酒楼都有园林庭院。从明正德至清乾隆、嘉庆的300年间，因为文人的广泛参与，成为造园高峰期。吴门画派大师文徵明、仇十洲等

苏州长物·城

亲自设计绘图，文震亨著《长物志》、沈三白著《浮生六记》记述造园心得，能工巧匠计成更有造园理论著作《园冶》留存于世。

造园的要素归纳起来就是叠山、理水、建筑、花木，以及铺地、陈设等。叠山有湖石假山、黄石假山和孤置峰石三类，结构有石山、土山和石包土山三类，功能有池山、园山、厅山、楼山、书房山等，造型有峭壁山、壁山、洞山等。理水形式有湖、池、溪、湾、涧、泉、瀑等，苏州是个水网密布的水城，造园一般都引池水与外河相通，

花木扶疏，树影相织（耦园）

拙政园、留园、听枫园等池底都有土井保持活水。水多桥多，所谓小桥流水人家，园内园外是一样的。桥以矮栏平架梁式石板曲桥为主，也有拱桥、廊桥。园林建筑形式多样，有厅、堂、楼、阁、馆、轩、斋、榭、舫、亭、廊等，屋面有硬山、悬山、歇山和攒尖等各式，粉墙黛瓦栗柱，墙设漏窗、洞门、空窗，漏窗花式不下百种。厅堂、轩斋、楼阁、亭廊、舫榭各具功能，供起居、观赏、游息、宴会、书画、抚琴、垂钓、蓄鹤等活动用。苏州状元甲天下，文人仕宦风

苏州长物·城

流倜傥，造园的、住园的、赏园的，往来访问之间，文人墨客们总喜欢搞些雨中听荷、园中拍曲之类的雅聚，园林是最适合不过的场所。

　　苏州手工技艺是全国之最，所有工匠的才华在园林里都有用武之地。室内陈设中，以紫檀、花梨木、酸枝木等红木制作的几案、桌、椅、凳、橱、柜、榻、床等明代家具尤为出色，还有集合多种工艺的文玩雅赏：屏风、钟、镜、化石、瓷器、铜器、玉器、供石、盆景、匾额、对联、字画、挂屏、灯具等。园林里还有用砖瓦、卵石、石块、

拙政园（左右图）

缸碗碎片等材料做成的花街铺地，美观雅致。用于园林的观赏花木大致有几百种，苏州花圃业在唐代已见记载，园主邀客赏花在宋代成为流行。各个园林的花木也是各有特点的，比如，20世纪60年代，拙政园以山茶、杜鹃、荷花著名，狮子林以大理菊、秋海棠为盛，沧浪亭以兰花品种最多，网师园的月季花在当时全国500多个品种中培育了432种。20世纪80年

代，300多种园林花木中增加了30多种山茶、月季、杜鹃等国外品种，拙政园除原有的杜鹃、荷花外，增加了菊花，留园以牡丹为著，狮子林为菊花，东园为山茶。各园花卉展览应季次第举办，常办不衰，花木是苏州园林一年四季常换常新的靓丽风景，色香味俱全，美不胜收。

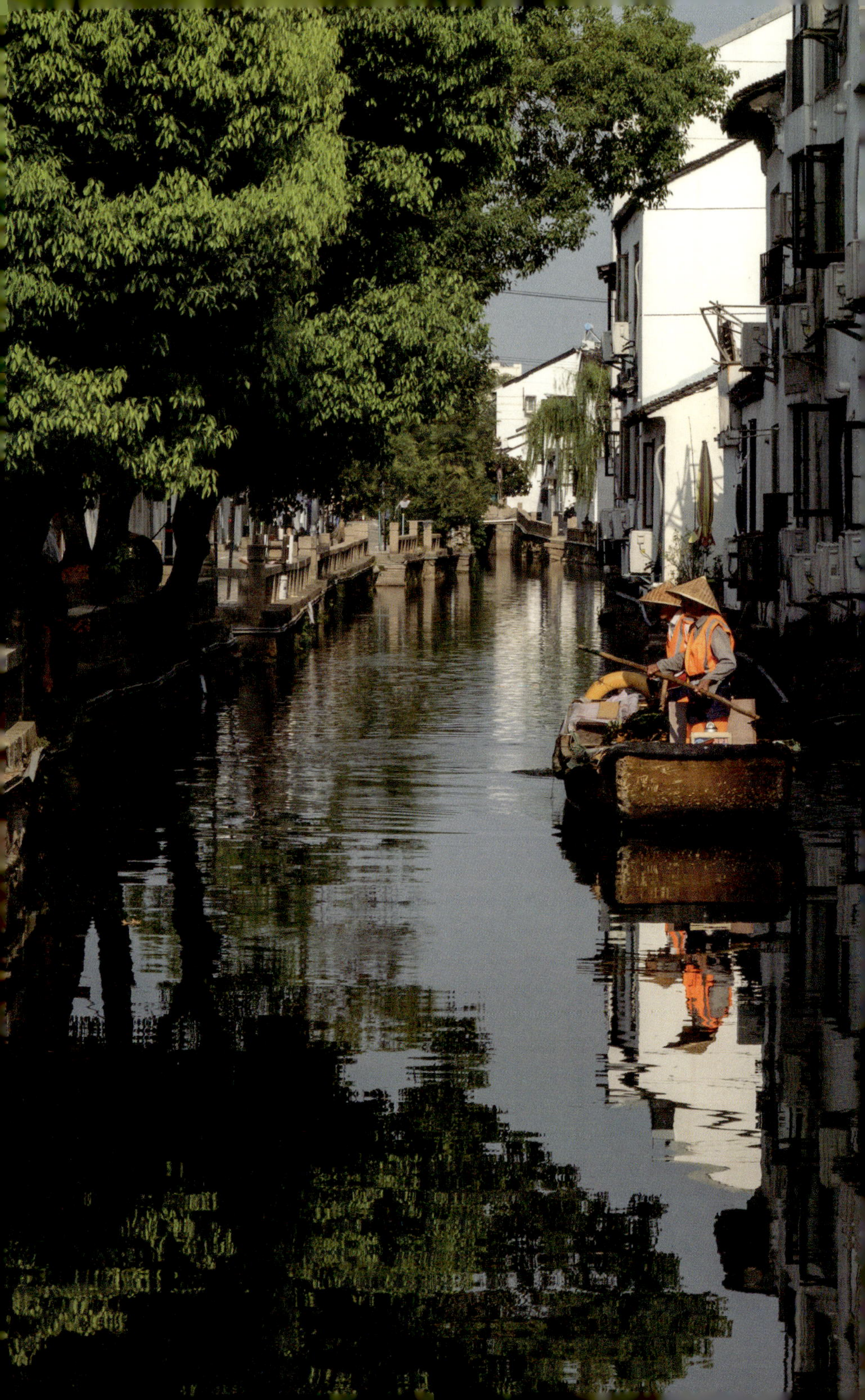

13号街坊东麒麟巷

市井小巷

从最早绘制的苏州城地图——宋《平江图》来看，城内的河道横直有序，方位明确，规划得体；街巷傍河而建，也是横直有序，主要街巷都是正南、正北、正西、正东走向；居民大多枕河而居，前门是巷，后门是河，因而形成了"君到姑苏见，人家尽枕河"的景象。2500多年来，苏州的城址、街巷的格局基本未变，但街巷的建筑与名称，却随着历史的前进而发展。

阖闾大城有多少条街巷现已无从考证，但《越绝书》上有关于"吴市"的记载，这里的"市"应该就是人口集中、经济繁荣之所在。此后，在"市"的基础上发展为"坊"，合称为"坊市"。明卢熊《苏州府志》记载："盖古之市即今之坊也。"

唐代城里称"坊"，郊野称"村"。《旧唐书·食货志》上说："在邑居者为坊，在田野为村。"白居易任苏州刺史时，曾写有"半醉凭槛起四顾，七堰八门六十坊"的诗句。坊采用封闭式管理，四边砌有围墙，在墙上开门，俗称坊门，坊门由专人看守。到了宋代，据范成大《吴郡志》记载，城内有65个坊，与唐代相比，虽多出了5个坊，但坊名相对照可知旧坊名仅存27个。由此可知，城市也在不断发展变化中。到南宋后期，随着经济逐渐繁荣，城市人口增多，围墙被推倒，或开店，或通行，坊几乎全部消失。

苏州长物·城

平江路背街——大儒巷

中张家巷河

定慧寺巷

坊消失后,"巷"开始出现。但宋代并未有关于巷的书籍,范成大所撰《吴郡志》也只见到坊名而无巷名。最早记载苏州街巷名字的是明洪武年间卢熊编撰的《苏州府志》,收录了249条巷的巷名,有不少巷名至今仍在使用,如大石头巷、金狮子巷、富郎中巷、颜家巷、闾邱坊巷等。清同治年间,由李铭皖、谭钧培修纂的《苏州府志》则已收录了343条巷的巷名。民国二十三年(1934)由曹允源、李根源编撰的《吴县志》,收录街巷993条。从数字上看,与同治时期相比,街巷数目增加了近两倍,这充分说明城市工业的发展推动了城市建设的发展,街巷随之增多。

干将坊

中华人民共和国成立后,苏州工业蓬勃发展,街巷建设步伐加快,不仅修复了旧街巷,还开辟了不少新街巷。据1995年江苏人民出版社出版的《苏州市志》记载,至1985年,全市共有街巷1461条,与民国时期相比,增加了近500条。20世纪90年代后,苏州城市空间持续拓展,街巷迅猛发展。现在,旧城在进行城市更新,"新城"也在不断发展,可以想见,若干年后,苏州的街巷会大幅度增加。

苏州街巷的命名,一般来说包含着历史人文典故、街巷特点和意义,以及街巷规格。比如有关历史人物的,如学士街、申衙前、伍子胥弄、朱进士巷、大儒巷等；有关文化性建筑的，如沧浪亭街、定慧寺巷、观前街、书院巷等；有关桥梁河浜的，如泰让桥弄、菱塘浜、上塘街、双井巷等；有关环境和地理特点的，如桃花坞大街、大石头巷、锦帆路等；有关行业作坊的，如枣市街、滚绣坊、养蚕里等。

还有众多以数字命名的街巷，下面从一数到万看一看这些街巷中承载的姑苏城市记忆和江南人的风韵文雅。

一人弄：西出乌鹊桥路，东接羊王庙，宽1.3米，是极其窄小的巷子，被戏谑为仅能容纳一人通过，所以得名。虽然窄小，但一人弄仍有着苏州老巷子的古韵和质朴。

二郎巷：因巷子内原有个二郎庙而得名。二郎巷北出十全街，南抵南园河，东傍内城河，西邻振华中学。旧时，巷子里有碧云精舍、宋氏家庵、茅山堂、潜修庵（阿太堂）等苏州古建筑。

三元坊：据传三元坊处原有高大牌楼，是为清代第一位连中三元的状元钱棨（qǐ）所造。钱棨28岁时，县试、府试、院试，连夺三个第一名，45岁时中解元，两年后会试得中会元，同年殿试摘得状元桂冠，从而成为中国科举史上两个"六首状元"之一。无论起源为何，牌楼已不复存在，但地名倒流传至今。

泗井巷：东出平桥直街，向西折南在仓桥东堍与长洲路相连。据记载，宋代时苏州城内原来有四个专管酿酒与酒税事务的酒务，后来合而为一，称四酒务。四酒务官署设在了巷中，所以巷名叫泗井巷。泗井巷曾有座祠堂，名四公祠，祭祀着四位先贤——白居易、韦应物、周忱、况锺，他们都曾是苏州百姓的父母官。

五卅路：位于苏州市古城区，南起十梓街，北出干将东路。元末张士诚兵败后子城建筑尽毁，废为土丘乱岗，俗称"皇废基"。

流水人家（蒋家宏摄于山塘街）

民国十四年（1925），上海发生五卅运动，苏州各界发起募捐。后以所得一万元在体育场与大公园之间被称为"皇废基""平桥巷"的小路上拓宽修筑五卅路，以志纪念。

六宅头：在百步街社区北面、葑门护城河边，曾经有两栋两层六底的小楼房矗立于此，是东吴大学六位教授的住处，故得名六宅头。如今这里是2000年重新建造的苏州大学王健法学院。

七公堂：位于葑门横街北侧，是横街上一条南北向的支巷，长不过百米，却因为纵向贯穿葑门横街而常年人头攒动。

八宝街：北出定慧寺巷，西至凤凰街，南与张家弄相连。传说张士诚因兵败在即，将宫中收藏的八种宝物装了九缸十八瓮，令士兵乘夜埋于此处，至清咸丰年间才被挖出。

九如巷：东出五卅路，向西折南通十梓街，向北穿越住宅楼可抵体育场路。人们熟知的张家四姐妹——张元和、张允和、张兆和、张充和的故事就发生在九如巷3号。她们的父亲张冀牖于1921年变卖部分家产创办乐益女子中学于憩桥巷，后迁至宋衙弄。早期共产党人侯绍裘、叶天底、张闻天、萧楚女、恽代英、匡亚明等曾在这里任教或从事革命活动，苏州的第一个中共党支部——苏州独立支部，就在乐益女子中学秘密建立。

十全街：西起人民路，与书院巷相望，东至葑门桥，直通东环路。十全街原因旧时有十口古井而叫"十泉街"，后来改"泉"为"全"。旧时，这里是大宅院、豪门巨贾及名士寓庐的聚集地。

百步街：西北起盛家带，正对望星桥，东南至吴衙场，正对砖桥，街长59米，约走百步，故名百步街。许多苏州文人名士都曾在这里居住，12号曾经的主人叫苏雪林，她与冰心、丁玲、冯沅君、凌叔华并称"中国五大女作家"。

万年桥大街：在万年桥西塊，以桥为名。南起胥江北岸永平里东口，北至南濠桥。这里曾是城乡贸易的繁盛地带，20世纪40年代后半期有店铺商行165家。

古城的河街水巷一般主街背河，次街面河；可以一街一河，也可以两街夹一河。如果是前街后河的商业街市，往往也是前街后坊的商业模式。背街水巷更幽静，是苏州古城的典型景观。两街夹一河的地方，在河上会有联通两街的廊桥。临河人家，会在墙上开一个门，门外筑一个悬空石阶，沿着台阶下到河边取水用。过去，小

苏州长物·城

平江路

船从各个水路城门摇橹进来,船上有西瓜、水产、蔬菜、新米等应季时鲜,屋主从临河的窗口放下系着绳子、放了钞票的篮子下来,再把买好的东西放进篮子里收上去。现如今,卖菜船摇橹进城的场景已经看不到了。也许,在无人的雨巷,你再也看不到打着油纸伞丁香一样的姑娘,但是,丁香巷还在,一千多条街巷还在,它们不在梦里,就在现实里。如果你徜徉在苏州街巷,梦想是可以照进现实的。

吴中向东望

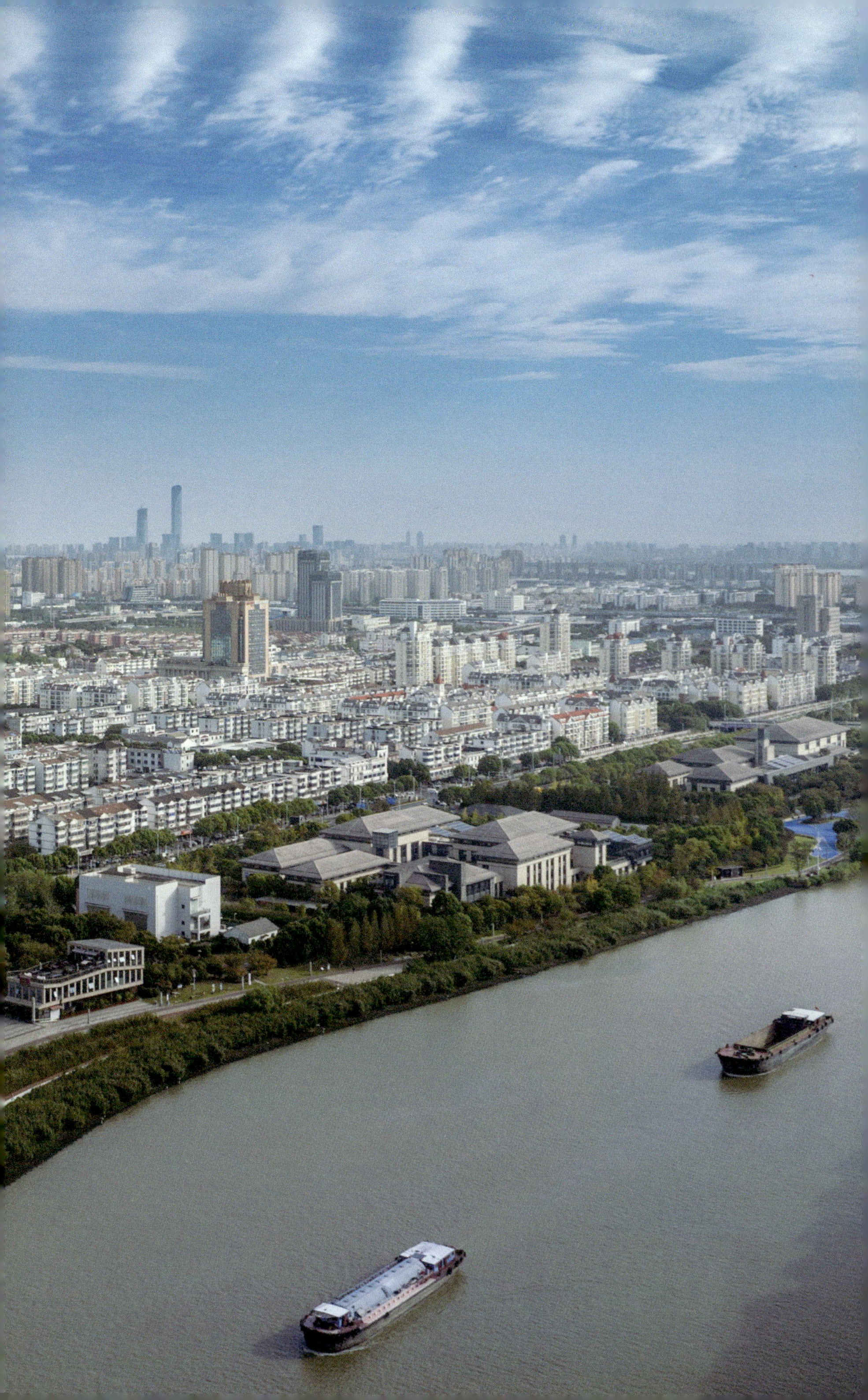

吴中向西望

苏城格局

阮仪三先生说过：城的保护比一件一件文物的保护价值更大。苏州的古城保护是全国最好的。历史留存不是花瓶，留下的是重要的城市记忆，留下的是过去生活和现代生活的衔接和交融。

回望历史，展望未来，苏城最新格局早已规划，归纳起来就是八个字：一核四城，四角山水。

苏州长物·城

何为"一核四城"？"一核"，指的是姑苏古城，这是苏州的历史文化核心区域。"四城"，包括四个新城，分别是：湖东综合商务城，位于工业园区，是苏州东部的重要商务区域；生态科技城，位于新区，在苏州西部，侧重于生态和科技的发展；太湖新城，位于吴江区，临近太湖，是苏州南部的重要新城；高铁新城，位于相城区，以高铁枢纽为核心，是苏州北部的新兴区域。

狮子回头望新城（章晨摄）

何为"四角山水"？俯瞰苏州，古城像一颗明珠，浸润在温山软水的怀抱中：东南角，经独墅湖、吴淞江至澄湖；东北角，经阳澄湖、傀儡湖至沙家浜；西北角，经虎丘山、虎丘湿地至西塘河；西南角，经横山、上方山、石湖至太湖。20世纪90年代，两院院士、清华大学教授吴良镛提出了"古城居中，一体两翼，四角山水"的城市空间发展构想。古城居中，四角留出湖泊与空地，楔形绿地沿山脉、水系插入市中心；工业园区居东，高新区在西，吴中区和相城区分列南北，留足城市发展空间；利用快速路加强与吴江、常熟、

苏州长物·城

张家港、太仓、昆山等板块的沟通与连接。吴良镛将"四角山水"格局比作一部"风车"——古城为中心，工业园区、高新区、相城区、吴中区是四片"风叶"，而"风叶"之间镶嵌着四方山水，构成"山水园林城市"的理想空间格局。"四角山水"格局，包含了苏州周边主要的山水、林田、湖草等生态要素。

  人在城中，城在园中，看得见山，望得见水，见人、见物、见生活。这，就是幸福苏城的新格局。

庭院深深

古镇古村

在保护古城风貌的同时,苏州早已拉开框架,迈开步伐,以"大苏州"的格局,把古城保护与江南水乡生态保护有机结合,一体推进"古城+山水+生态"的大市发展局面。这个发展思路的依据是什么?底气又是什么?那就是苏州4个县级市和6个区、大市范围10个板块的深厚历史文化底蕴、风光旖旎的好山好水、原汁原味的千年古镇古村。1982年,苏州被列为首批中国历史文化名城。1986年,县级市常熟被评为中国历史文化名城。2003年,周庄、同里、甪直被评为首批中国历史文化名镇。之后,木渎、沙溪等一批古镇相继夺得该项国家级荣誉。2007年,陆巷村、明月湾村均被评为中国第三批、江苏第一批中国历史文化名村。至2015年,全市共有苏州、常熟两个中国历史文化名城,周庄、同里、甪直、木渎、沙溪、千灯、锦溪、沙家浜、东山、凤凰、黎里、震泽、古里13个中国历史文化名镇,陆巷、杨湾、三山、明月湾、东村5个中国历史文化名村。至2018年,光福、巴城也被列入中国历史文化名镇,苏州市共有15个中国历史文化名镇。

敬修堂古建筑群

营造

苏州气候温润,降水充沛,河网密布,以稻作生产为主,村镇大多以河道水体为前提,顺水依河,街巷水道穿插,桥洞水系透视,选址以融于自然、天人合一为最高原则。

比如,位于昆山市西南面的周庄古镇,面积24公顷,原名贞丰里。元朝中叶形成南北市河两岸以富安桥为中心的集镇,至清代成为江南大镇。镇内以4条相交成"井"字形的河道为骨架,河两岸形成8条长街,前街后河,水陆相间,河道上完好保存着14座

苏州长物·城

街巷拾影

建于元、明、清各代的古石桥。全镇 60% 以上的民居依旧保存着明清时期的建筑风貌，具有代表性的有沈厅、张厅，为多进院落式建筑，同时利用前河设水墙门和沿街店铺，后河设船坞。周庄历史名人众多，张翰、刘禹锡、陆龟蒙、沈万三、叶楚伧等在此居住过。1995 年周庄被命名为江苏省首批历史文化名镇，2003 年被命名为中国历史文化名镇，同年被联合国教科文组织授予亚太地区"世界文化遗产保护奖"。主要文物古迹有叶楚伧故居、双桥及沿河建筑等省级文保单位，富安桥、澄虚道院等市级文保单位。2007 年被国家旅游局评为 AAAAA 级旅游景区，古镇旧八景——全福晓钟、指归春望、钵亭夕照、蚬江渔唱、南湖秋月、庄田落雁、急水扬帆和东庄积雪中，多有与水相关之处。

59
— 古镇古村 —

陆巷，山抱村落林绕屋

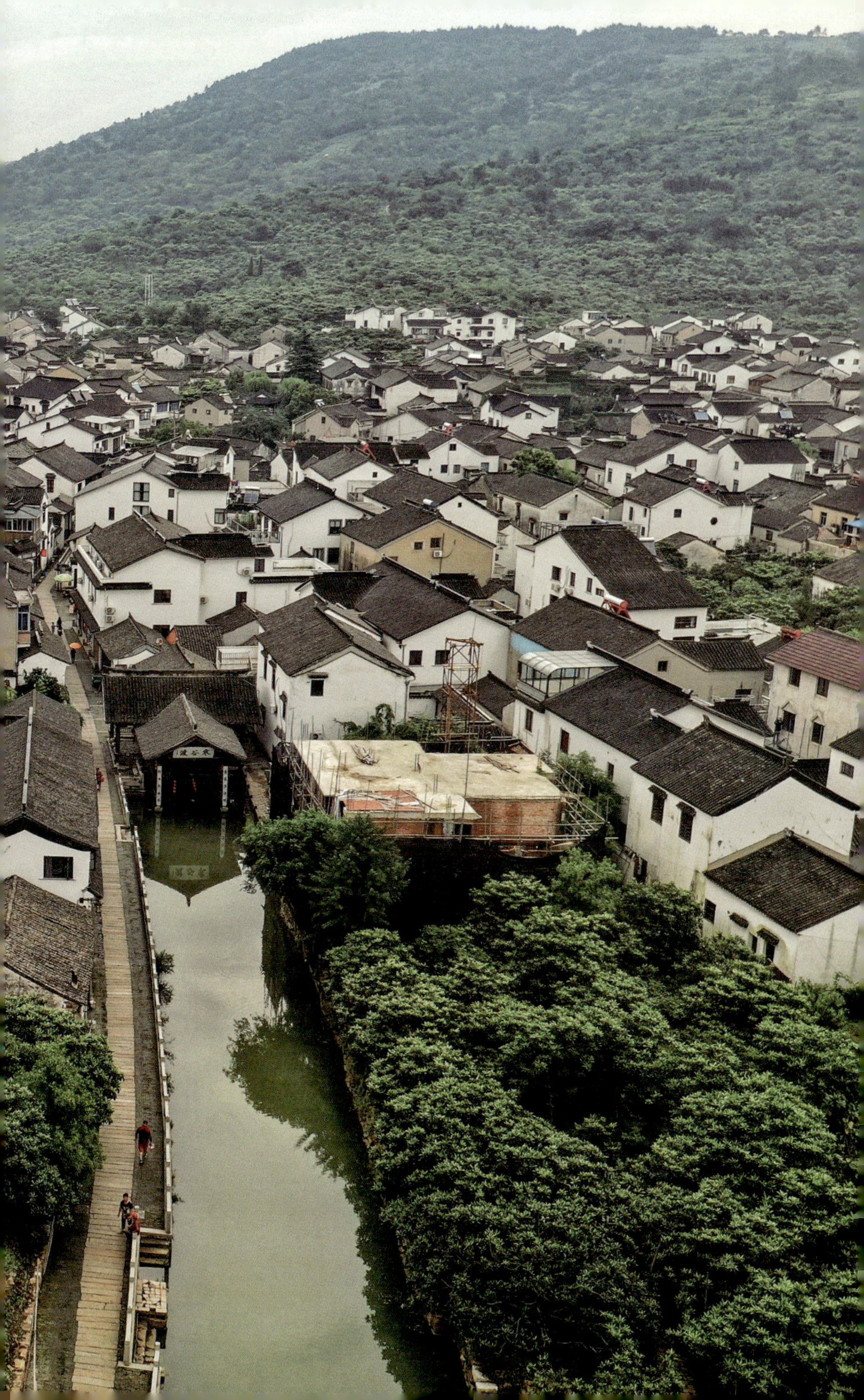

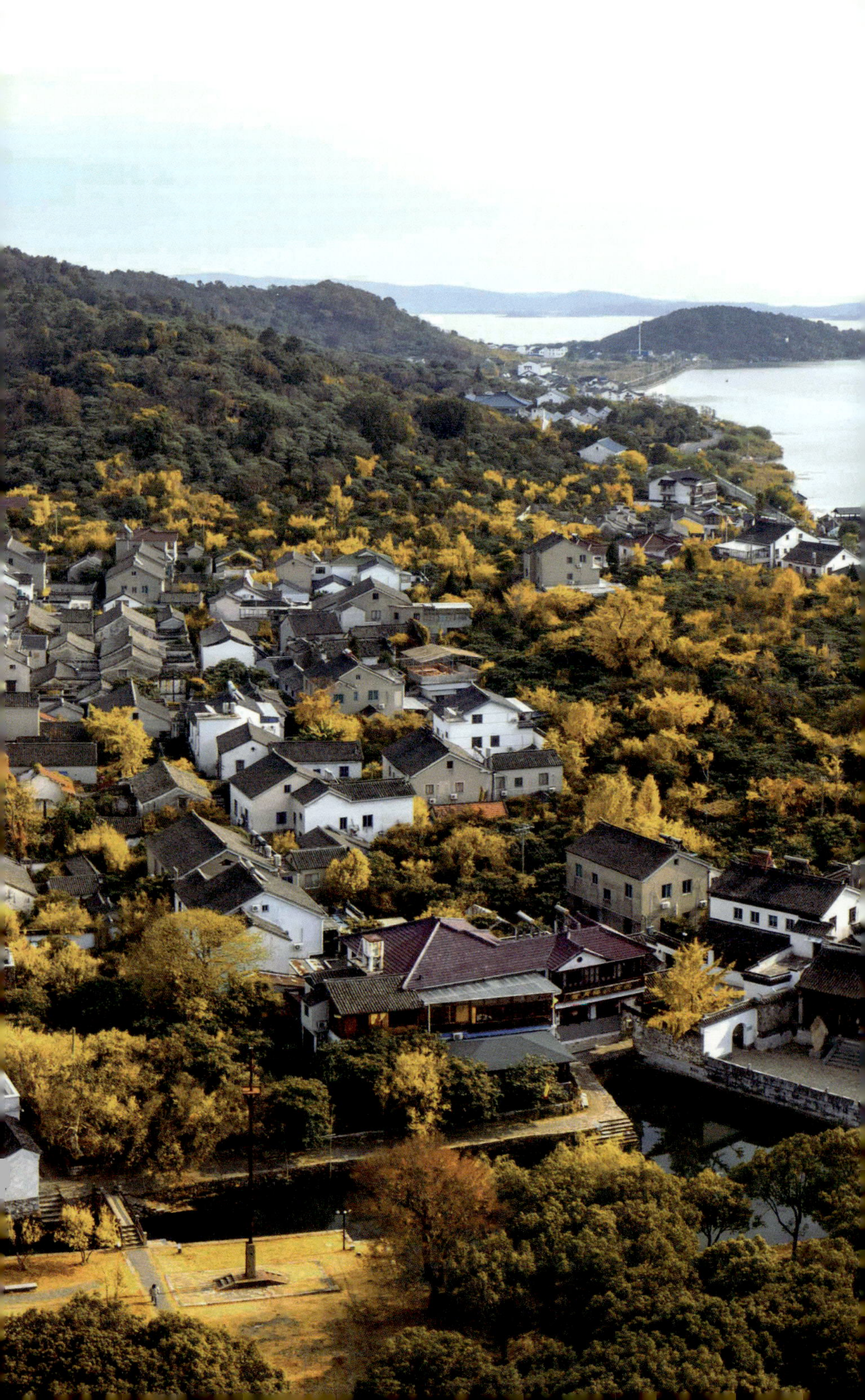

明月湾

宅后往往又是一片青翠的竹林

　　总之，古村镇的营造因地就势，大致分为三种类型：一是平原水口型，这些村镇位于古城东南，大多坐落在江河内侧或河流交汇处，贴水成街，枕河而眠，典型的有周庄、同里、甪直、锦溪、千灯等。二是山水环抱型，以光福为代表。古代苏州最早的吴县六镇为横塘、新郭、横泾、社下、木渎、光福，其中光福的历史最为悠久。光福古镇在太湖之滨、邓尉山脉，街道里巷、民居古刹都在山间，也在太湖环抱之中。

苏州长物·城

周庄双桥

三是背山临流型,主要分布在古城西南洞庭东、西山。2005年苏州市首批14处控制保护古村落名单上,地处东、西山的就有12处。苏州古城西南35公里的太湖中,有座名为西山的岛屿,岛上石公山旁2公里处,有个明月湾村,濒太湖,依青山,形如一弯明月。与洞庭西山遥相对望的东山半岛上,嵩峰山麓,有个叫陆巷的古村,依山面水,宅院四周遍植橘、桃、枇杷、杨梅、桑树,宅后往往有一片小竹林。

村落于是以河道水体为条件

沙溪古镇，桥洞透视水街视景的空间层次

形制

难能可贵的是，这些星罗棋布的古村镇，不是千村一面，而是独一无二的。比如，昆山锦溪镇张家厍，家家临水，呈"回"字形；昆山张浦镇姜里，依姜里潭而建，道路弯曲，村落似八卦图案；吴中区甪直镇，原名甫里，因镇东有直港通向六处，水流形状似"甪"字，故改名甪直；太仓沙溪镇一河二街呈"川"字形；吴江同里古镇，五湖抱合，引入15条河流，主干河道也呈"川"字形；常熟金港镇横塘，古街"一"字格局，中间置一小桥，静中有动；金庭镇东村，以一条东西向800米东村大街为主，两侧多条支巷，形成"丰"

姜里

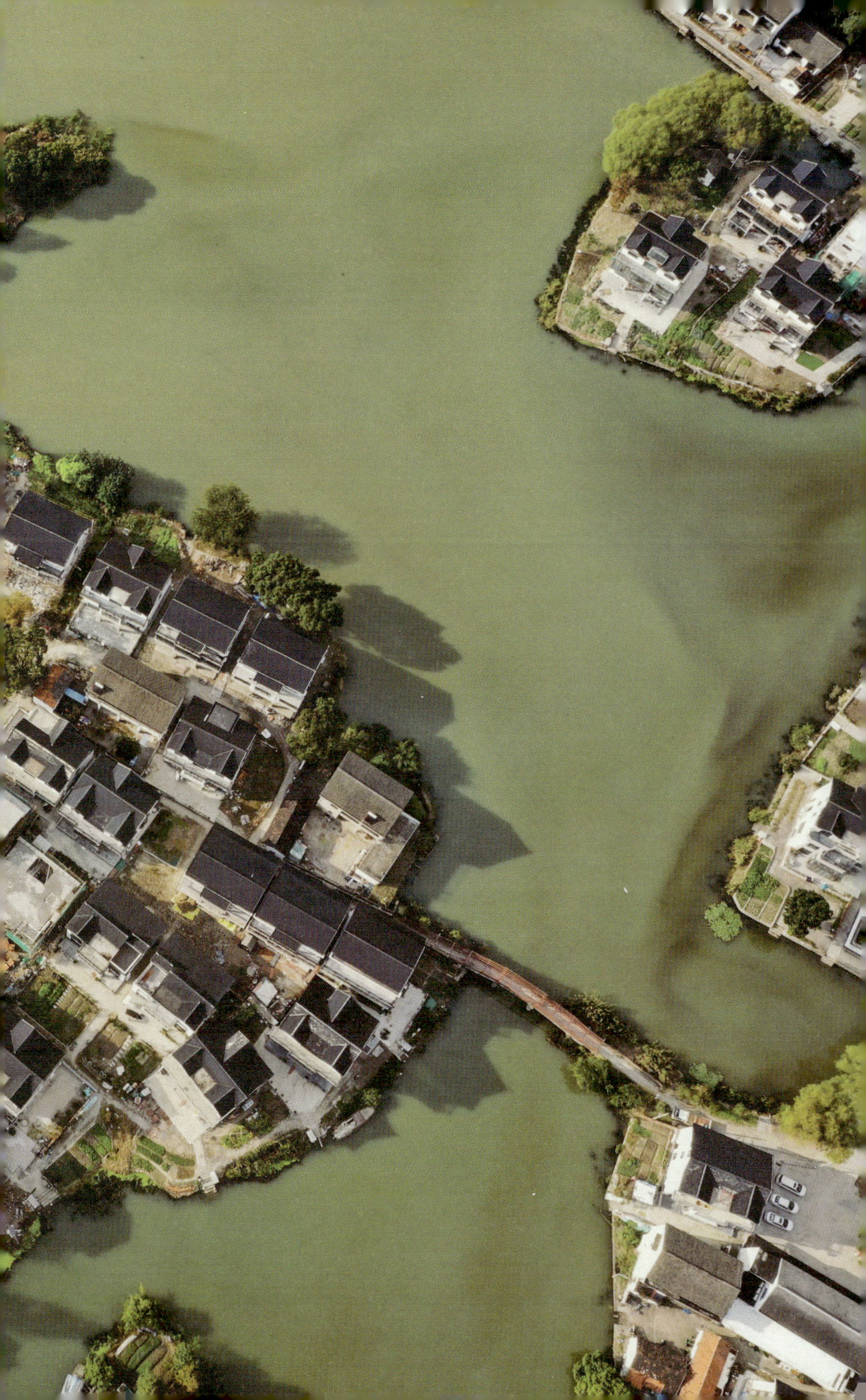

郑泾港黄石驳岸

字形格局；金庭镇甪里，在郑泾港东西两岸修筑街道，形成了典型的鱼骨状街巷体系，柯家村、周家上头分别位于村落西北、东北端，成犄角之势，两者都开辟了港形湖湾，村落南端的前河如鱼尾，面向太湖，围堰湖湾形成"犄角游鱼形"村落布局；还有上面说过的三面环山、一面临湖、三山汇聚、街巷呈"井"字棋盘、村落如一弯新月的明月湾村。

虽说一村一面，千姿百态，但细细品味，形制营建中还是有比

苏州长物·城

较严格的约定俗成的乡规民约的。比如,宅基定位需"太平向",民居建筑坐南朝北略偏西,平行建房的必须所有檐角在一直线,同样高低"一条龙"。破土、奠基、平碛、上梁、做屋脊等细节,都有一定的天时地利人和以及形制的规矩。无论是 800 年历史的陆巷一街三港六巷的独具特色,还是同里古镇 7 个街区、49 座古桥、沿河街面几百米廊棚的似曾相识(木渎、千灯、沙溪、黎里、甪直……很多江南古镇都有的景观),怎么看都合适,不违和。

吴中临湖

生态

  东西山之间的太湖中,有一座三山岛,岛上有个古村叫三山村。岛内有北山、行山和小姑山三山相连,外有厥山、泽山与三山相依。村内现存清俭堂、师俭堂、九思堂、荆茂堂、震远堂及秦祠、薛家祠堂等历史建筑33幢,还有古桥2座、古井10口,以及自唐宋以

来的多件文物。山上现有姑亭、板壁峰、十二生肖石、香炉石、牛背岩等景点。三山岛历史悠久，古吴文化源远流长。1984年发现并挖掘出的一万多年前的旧石器时代遗址及古脊椎动物化石，被称为"三山文化"。岛上常年花果不断，"太湖三白"、墨驼鸭、三山草鸡以及马眼枣等特产亦一年四季不断。2013年，太湖三山岛湿

西山

地公园获国家湿地公园称号。2014年2月,三山村入选第六批中国历史文化名村。迄今为止,去三山村还需要乘渡船或快艇,没有直达的捷径,或许正因为交通不是特别便利,那里就像世外桃源,古意清幽,是值得邀上三五好友、住上一晚、吃吃农家菜、四处看看

的地方。它就在自然里,你在那里,你也就融入了自然。

东山镇翁巷,位于东山莫厘峰东北翠峰坞与金家河、席家河之间。村东席家花园和东山古镇相连,因当年康熙皇帝巡幸东山在此上岸,又称启园,是苏州古典园林中唯一一座依山傍水的园林。翁

杨湾

巷布局在明代已基本成型，街、巷、弄以传统鱼骨状排列，明沟排水系统完全利用自然地形。村内遗存双潭、贾家潭等7处水潭池塘，三水穿村，源于翠峰坞，直通太湖，是翁巷一大特色。密布的水系，是古代村民交通、生活的必需。

东山镇杨湾，是典型的两山相夹岭根坡地分布，西南靠路，东北靠山，村落与太湖水岸只隔数百米，为利于排洪，南北落差达7.4米。三街六巷门，明清一条街。古街南北长1公里，沿街传统民居顺山坡就势展开，宅内园林，宅外山林。古街中段为沿着山脚曲曲直直的山径，柑橘、银杏、茶树的花果林中村舍院落隐现。古街北段小巷幽深，有寺庙、祠堂、民居、店铺、更楼等元、明、清建筑30多处。村中有河道，称"大浜头港"，供村民用水、灌溉农田。

吴中区西山地区地形复杂，有平原、低山、丘陵、山坞、湖湾、岛屿，传统村落分布在不同地形地貌的自然空间，号称"七村八巷九里十三湾"。西山利用其湖岸线曲折、湖湾地区众多，山丘、谷底、山坞、低洼圩田平原地区自然条件优越的地形优势，因地制宜切合自然之道，充分考虑上山种植、采集，驾船出行、运输，日常耕作采光、用水、交通等生产、生活便捷因素，种植白果、石榴、枇杷等果树，既是景观，又是经济作物。

总之，所有的传统村落都遵循着天人合一、人与自然和谐共处的基本原则。

三座牌楼，旌表的却是同一人

耕读

科举出仕，是农耕时代的读书人为官的明确道路，苏州古村镇多耕读之家，镇志乡史记载很多。如吴江同里，自南宋淳祐四年（1244）至清末，古镇先后出状元1人、进士42人、文武举人93

人。陆巷古村明清两朝仅王氏和叶氏两族,就出了状元1人、探花1人、进士11人、举人46人。"品"字形牌坊就是村人为明成化年间连中解元、会元、探花的大学士乡人王鏊所建。古人常以建文庙、文昌阁、文笔塔、书院、书舍等方式来崇扬文风。昆山锦溪古镇尚有文昌阁古迹实物留存。

传说秦汉时期有四位高士"商山四皓",助太子刘盈即位后,离开长安,隐居西山岛,散落深山,演变为村落。周术先生在甪里,季吴实先生在绮里,夏黄公崔广在慈里,东园公唐秉在东村。自隋唐至北宋,北方战事频繁,北方一些达官士族为躲避战乱,从中原举家南迁,定居苏州。这些身世显赫的名门望族是苏州耕读文化的主流一脉。亦耕亦读,耕读世家,是苏州古村镇普遍的乡土文化现象。古村镇遗存的明清古建老宅中,耕读文化元素随处可见。如砖木雕刻和彩绘图案中将荔枝、桂圆、核桃组合寓意"连中三元",鹭鹚、荷花组合寓意"一路连科"。以"衣锦还乡""荣归故里"等故事人物为题材的砖雕木刻更是常见于门楣隔扇之上。

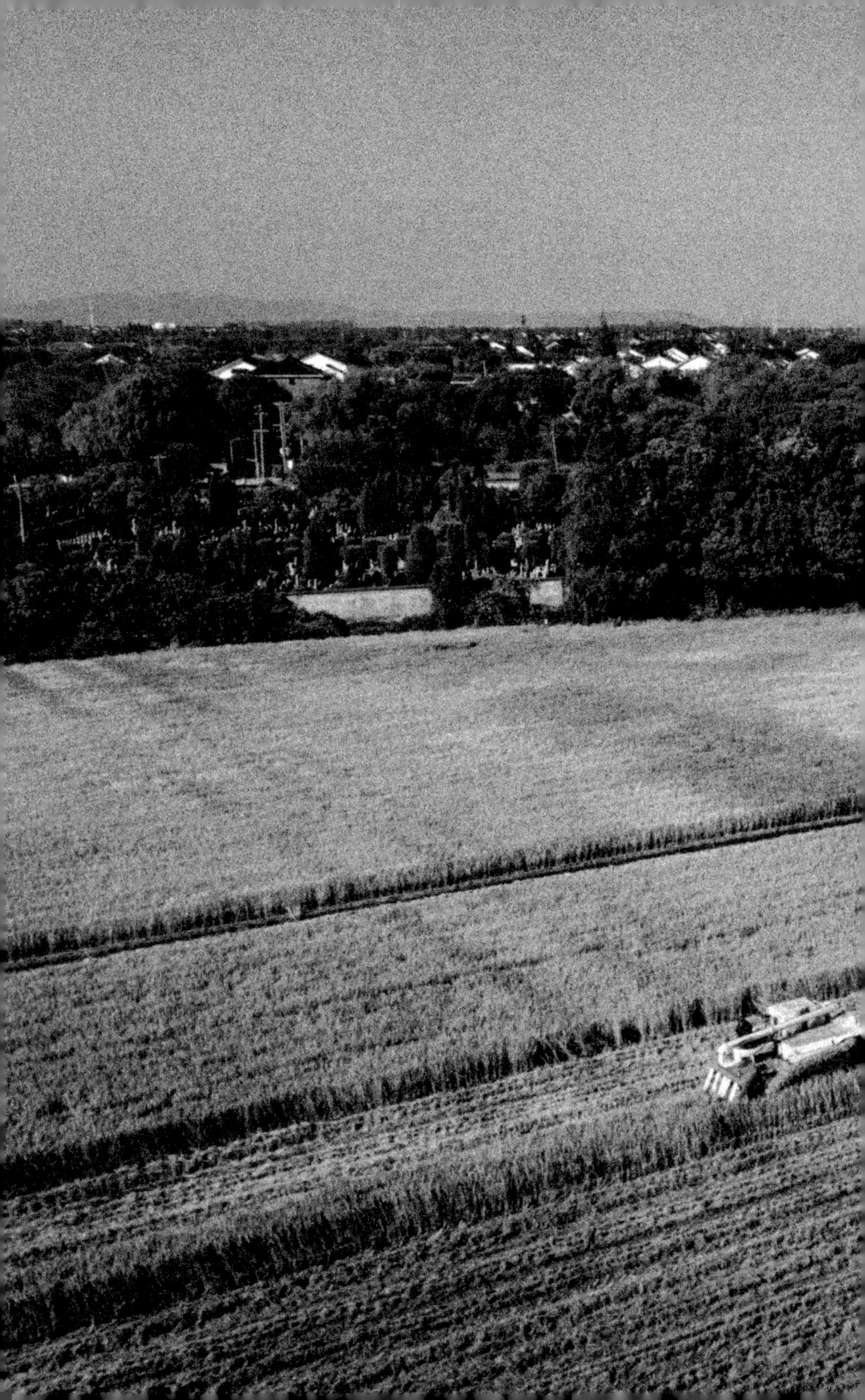

不时不食

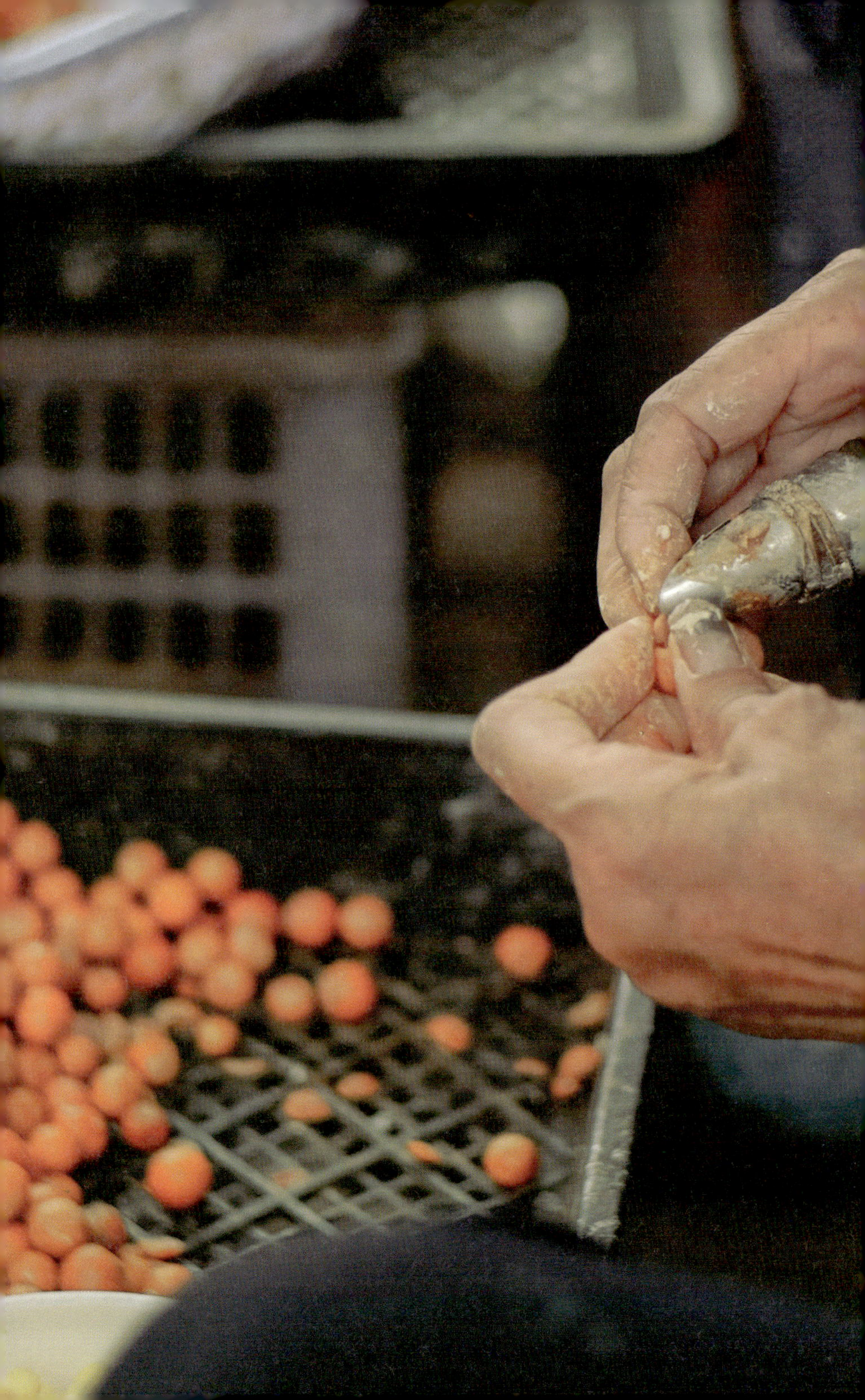

苏州长物·城

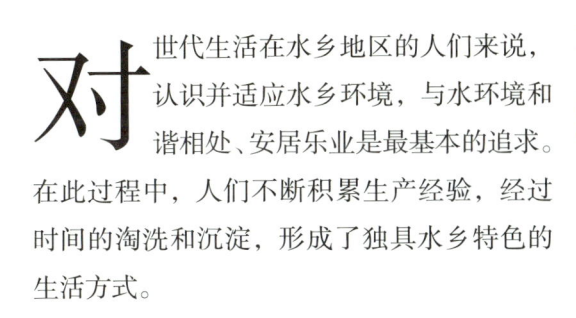

对世代生活在水乡地区的人们来说，认识并适应水乡环境，与水环境和谐相处、安居乐业是最基本的追求。在此过程中，人们不断积累生产经验，经过时间的淘洗和沉淀，形成了独具水乡特色的生活方式。

Q：苏州人为什么能讲究不时不食？

A：苏州是长三角农业文明的中心城市，山温水软、四季分明，有相当发达的稻作农业和丰富的水产资源，再加上周围各类食物原料丰足，所以一年四季物产非常丰富，能做到应时令、按季节吃东西。

Q：苏州为什么稻作农业能这么发达？

A：太湖地区自然条件优越，平原广布，气候适宜，水网密布，十分适宜水稻生长。同时运河的开掘，滋养了沿河地区的稻作生产，促进了农业生产技术的交流和米市的兴起。

— 不时不食 —

太湖畔稻花香

稻花香里说丰年

"苏湖熟,天下足"

苏州的"苏"字,繁体字是草字头下面左边"鱼"右边"禾",再明显不过地直指苏州就是草木葱茏的鱼米之乡。

人类发现野生稻种大约在1万年前。唯亭草鞋山出土的距今5000多年的碳化稻谷,是我国迄今发现的最早的人工栽培稻谷,比印度早了2000年。在吴江梅堰出土的距今五六千年的粳稻、籼稻、红糯、甜瓜、芝麻、菱角、葫芦、酸枣等大量植物种子及挖掘发现的农田水利系统,说明了苏州稻作文化、农耕文化的源远流长。

苏州古称吴地,"吴"字就是"鱼"的象形,水网密布、河湖交叉的苏州,渔业文化发端之早,也已从太湖东部距今5000年前的良渚文化遗址出土的渔网上的木浮标得到证实。

三国时,孙吴招引流亡屯垦,劝导农桑。两晋时士族、人民避乱南迁,北方财货、文化、技术输入,推动了苏州农桑及手工业发展。唐"安史之乱"之后，人口再次南迁，经济日益繁荣。

隋炀帝开通大运河，极大地方便了南北交流，海船通过沪渎、松江直达苏州城下，苏州逐渐成为东南沿海沟通海内外的水陆交通要冲，以及全国财货集散转运中心。

五代至宋，太湖流域战乱较少，吴越王钱镠兴水利、筑海塘、垦土地、挖河网。宋代，全国经济中心南移，民间称"苏常（州）熟，天下足"，称富庶的苏杭为"地上天宫"，进而有"上有天堂，下有苏杭"的美誉。

从明代到鸦片战争之前，苏州是全国最大的米市，边远地区来苏州采购粮米，每年以百万石计，枫桥米市的斗斛，被公认为计量标准，称作"枫斛"。明清时期，农田耕作技术、生产工具进步，实现了稻麦两熟制，农业生产从粗放型向精耕型转变。1840年鸦片战争后，江南地区大面积推广双季稻的种植，使产量大幅度提高，一般来说，单季稻在丰收之年每亩最多收谷3—4石，双季稻两次收获，每亩总产可达6—7石。20世纪50年代以来，古老的吴地稻作农业区焕发出新的活力。80年代，结合农田水利建设形成鱼池，发展内塘养殖，"鱼米之乡"焕然一新。

宋代，苏州承担了全国11%的赋税、25%以上的军粮及俸禄。明洪武二十六年（1393），苏州耕田占全国的1%，实征税粮米麦占全国的9.6%。清乾隆四十年（1775），苏州产米约2000万石，成为国家粮仓之一。

金色稻田

农学

苏州农学传统的特点是以农桑为主,积极发展多种经营。特别是明清时期,除种稻、种桑、养蚕外,还要种豆、麦、芋、麻、苎麻、芹、竹、果(梅、李、枣、橘等)、瓜、蔬,养鱼、养羊,等等。唐宋以后,出现了陆龟蒙、陆羽、僧人赞宁、陈旉、楼璹等众多的农学家。明清时期,出现了黄省曾、马一龙、沈氏、俞宗本、徐光启、邝璠、王世懋、张履祥、陆世仪、潘曾沂等更多的农学家。

从春秋到清末，苏州地区产生农书约 180 部，内容涉及水稻、蚕桑、花卉、农具、渔具、多种经济作物等。陆龟蒙的《耒耜经》，是我国最早的一部专门介绍农具的书；黄省曾的《农圃四书》（《稻品》《蚕经》《鱼经》《艺菊书》）、《芋经》《兽经》，可谓古代苏州农书集大成者。此外，还有明代徐光启的《吉贝疏》、清代褚华的《木棉谱》《水蜜桃谱》、清代黄厚裕的《种苎麻法》、宋僧赞宁的《笋谱》、明代潘之恒的《广菌谱》、清代吴林的《吴蕈谱》、清代王逢辰的《檇李谱》等，这些种木棉、苎麻、熟菜、水果的农书在其他地区是不多见的。黄省曾的《芋经》属于这类绝无仅有的农书之一，他所著的《艺菊书》，也与以记载花品为主的宋代菊谱不同，而是注重栽培方法，非常实用。这类花卉专著，本来不在农书之列，随着城市发展、经济繁荣，这类书籍越来越多。苏州栽培的花卉和所写作的花谱中，宋代出现的菊有 4 部：史正志的《菊谱》、范成大的《范村菊谱》、沈竞的《菊名篇》、史铸的《百菊集谱》（6 卷，163 个品种）；梅有 2 部：张功甫的《梅品》、范成大的《范村梅谱》；竹 1 部：僧人赞宁的《笋谱》。明清时代，周履靖的《菊谱》所载，苏州仅菊花的名目就有 222 种，还出现了如王世懋的《学圃杂疏》、高濂的《遵生八笺》、王路的《花史左编》、陈淏子的《花镜》等综合性花卉著作。

一片丰收景

炒制碧螺春

"美食智慧"

食"数"密码

　　喜欢一个城市的一万个理由中,有一个理由是非常重要的,那就是:唯有美食不可辜负。一个城市留不住你的胃,必定留不住你的人,更留不住你的心。苏州这座城市,饶是因为物产丰美,所以千百年来形成了别的城市无法仿效的饮食最高原则,四个字:不时不食。

比如，苏州家常佐餐必备一汤，春季竹笋上市时，主要是"腌笃鲜"（笋、鲜蹄髈与咸肉一起煮汤），夏季多是咸菜豆瓣汤或咸菜冬瓜汤，也用鸡、鸭、鱼（一般用鲫鱼）、排骨、虾米等做汤。又如，太湖炙鱼，在春秋时就名闻天下。苏式名菜也多以鱼为主料，如"松鼠鳜鱼""青鱼甩水"等。苏州人吃鱼很讲究时令：正月吃塘鳢鱼、二月鳜鱼、三月甲鱼、四月鲥鱼、五月白鱼、六月鳊鱼、七月鳗鱼、八月鲃鱼、九月鲫鱼、十月草鱼、十一月鲢鱼、十二月青鱼。

这就是苏州普通老百姓的日常，每一天每一日的讲究。下面是民间流传的苏州人一年四季美食的"数字密码"。

◎ **一只虾**

一般虾，无论淡水虾还是海水虾，煮熟了壳都会变红，唯独苏州太湖白虾，煮熟了壳也是白的。每年初夏，是苏州籽虾上市的时候，几乎家家户户都会吃。这是一年中河虾最便宜的时候，就是不富裕的人家，也会买上几两尝尝鲜。这个时候的雌虾只只抱籽，虾肉鲜甜，煮熟了虾头膏黄红得诱人。大多时候，老百姓都喜欢吃原汁原味的盐水虾，水烧开后落虾，调味只需要葱、姜、盐。还有一个做籽虾的诀窍：千万不能放酒，不然虾头会空。若实在要吊鲜头，就放一点点白糖。苏州人招待客人的宴席上，上的第一个热菜就是清炒虾仁，虾仁取吴语谐音"欢迎"的意思。

◎ **两片叶子**

一是洞庭山碧螺春，二是有着"水中碧螺春"之称的莼菜。碧螺春以形美、色艳、香浓、味醇"四绝"闻名遐迩。莼菜是吴中"水八仙"之一，鲜嫩滑腻，用来调羹作汤，清香浓郁。

"太湖三白"之一——银鱼

◎太湖三白

著名的"太湖三白",即白鱼、银鱼和白虾,是太湖出产的众多水产中的特色品种。

春秋时期太湖已盛产银鱼。清康熙年间为贡品。品种有大银鱼、雷氏银鱼、短吻银鱼和寡齿短吻银鱼4种。太湖银鱼肉质肥嫩鲜美,含丰富的蛋白质、多种维生素与其他营养成分,每年5月上市,"洞庭枇杷黄,太湖银鱼肥"。

白虾前已有述。

太湖白鱼亦称"鲦",因"头尾俱向上"而得名,体狭长侧扁,细骨细鳞，银光闪烁，肉质细嫩，鳞下脂肪多，酷似鲥鱼，是太湖名贵鱼类，作为贡品上供朝廷。白鱼以小鱼虾为食，一年四季均可捕获，在6、7月生殖产卵期捕捞产量最高。

◎ 四块肉

苏州人一年四季要吃四块肉，春天樱桃肉、夏天荷叶粉蒸肉、秋天扣肉、冬天酱方。特别是樱桃肉，为苏帮菜系的传统名菜之一，做法是把整块方肉剞花刀，烧制配以红曲粉等调色，成形后像樱桃一样嫣红欲滴，让人垂涎。据记载，在清朝乾隆年间，樱桃肉就已经从坊间传到皇宫的御膳房中，在乾隆皇帝御膳中就记有"樱桃肉"一品。

◎ 五仁月饼

苏式五仁月饼是一种传统节日食品，属于苏式糕点。呈鼓形，边稍鼓出，花纹和字迹清晰，形状端正，不破皮，不露馅，边角分明；边缘呈象牙色，底面棕红色；口味香甜，绵软带酥，有多种果仁香味。苏式月饼是中国中秋节的传统食品，皮层酥松，色泽美观，馅料肥而不腻，口感松酥，直至清乾隆三十八年（1773）稻香村的出现，这项技艺才开始真正被收集、整理、改良、创新、传播。制作过程中没有任何模具，使用的器具也比较简单，有刮刀、油光纸、烤盘、木炭基杉木盒等。

◎ 六月黄

"六月黄"是指刚完成三次蜕壳的"童子蟹"，特别是在农历六月时捕捉而来的公蟹，肉嫩汁多，还含有半流质的膏黄。用面粉、毛豆或者刀切排骨年糕做的面拖六月黄，鲜味独特。

◎ 七头一脑

这里特指春季的野菜，"七头"为枸杞头、马兰头、荠菜头、香椿头、苜蓿头、豌豆头、小蒜头，"一脑"则是指菊花脑。

"水八仙"之一——莲藕

◎水八仙

"水八仙"又叫"水八鲜",由茭白、莲藕、芡实、茨菰、莼菜、菱角、荸荠、水芹八种水生植物组成。"水八仙"不仅是出名的美食,也是许多人难以忘怀的记忆。俗话说"秋吃水八仙,赛过小神仙",足以见得"水八仙"味道之鲜美。可能是因为生长在水中,"水八仙"口感大多清脆、甘甜、凉爽。

◎十碗面

十碗面,当然只是个虚数,苏式面的浇头,基本就是一本苏帮菜的菜谱,随随便便一家面馆,就可以看到几十种浇头。正宗苏式汤面,汤色透明如琥珀,不见任何杂质,喷香扑鼻,咸淡适中。面条吃起来滑爽有嚼劲,讲究品相,码在碗里纹丝不乱。

吃面,苏州人也讲究时令。

比如,夏季必吃的四碗时令面:三虾面、枫镇大肉面、风扇凉面、卤鸭面。所谓"三虾",就是虾仁、虾籽、虾脑,把它们炒成一碟浇头,再配上一碗软硬适中的苏式面,总能引得无数老饕趋之若鹜。风扇凉面,走的是家常路子,但有一个关键性的技术绝活,那就是在电风扇的吹拂下用葱油挑面。"听戏听腔,吃面吃汤。"苏州一碗面,汤最是重要。热天吃的白汤面的汤,一般有两种做法:一种是用鸭骨头、猪骨头一起熬出来的汤;另一种是用猪骨头、黄鳝骨头一起熬出来的汤,一般枫镇大肉面用的就是这样的白汤。苏州人还会在白汤面汤料中放一些酒酿,那股子清浅的酒糟香是汤头的点睛之笔。卤鸭面凭借酱香浓郁的卤味来激发人们的食欲,也算是苏式面里的另类了。

秋季应季必吃的是秃黄油面,一份正宗的秃黄油面浇头,需用一对阳澄湖的大闸蟹,两只大闸蟹剥下来的蟹黄和蟹粉,用猪油炒

焖肉面

了以后,便是一份秃黄油浇头,浓郁的蟹香让人回味无穷。松蕈是常熟虞山特有的菌菇,每年 6 月至 9 月生长,此时便是品尝蕈油面最好的时机。蕈油面本是庙中的素面,但因为鲜美异常,还有淡淡的松香味,逐渐得到大家的喜爱,流传至今。

　　苏州人冬天爱吃羊肉,当然少不了一碗羊肉面,最出名的有吴中区的藏书羊肉面和太仓的双凤羊肉面。藏书人烧羊肉有个与众不同的地方,就是把羊肉放在木桶锅里烧煮,烧出来的味道特别鲜美;双凤羊肉最大的特点是红烧,面汤用烹羊原汤熬制,要熬得浓而不浊、油而不腻。

非遗船点

"鱼米之乡"苏州,主食大米,面食及其他"点心"(糕点)为次,四季糕点也多为米粉制品。苏州人爱吃糯米食物,苏式糕团多用糯米粉制作。按时令可分"春饼、夏糕、秋酥、冬糖"。春季酒酿饼、夏季绿豆糕、薄荷糕、米蜂糕、五色大方糕,秋季酥皮月饼、巧酥、冬令黑切糖、糖年糕等。按节令次序,依次有:年初一吃年糕、团子,元宵节吃元宵,二月二吃撑腰糕,三月三吃亮眼糕,清明前后吃酒酿、酒酿饼、青团子、大方糕、焐熟藕,端午节吃粽子,中秋节吃月饼,重阳节吃重阳糕,春节前后吃年糕、春卷等。

老百姓是以吃记载历史的,苏州人的食俗,新石器时代就形成了饭稻羹鱼、主副食分开、以蒸煮为主的特征。苏州人吃粽子是为了纪念伍子胥而不是屈原,吃青团子是为了纪念大禹治水(传说大禹治水后,为冬小麦生产创造了条件,于是老百姓开春时吃青团子纪念)。一只粽子两千年,一个青团子四千年,说来都是传奇。清代宫廷中有两个苏州厨房:一个在紫禁城神武门外东侧——苏造(灶)铺外铺,不仅供应苏州菜和苏式点心,而且还是早上官员上朝的候朝之地;另一个在紫禁城神武门内东侧——苏造(灶)铺内铺,供宫内人享用苏州菜和苏式点心,现在是故宫的小卖部。苏式点心,是苏州菜不可分割的一部分。

苏州船点制作技艺是苏帮菜烹制技艺之一。所谓船点,顾名思义就是在船上用的点心。2009年6月,苏州船点制作技艺被列入苏州市第四批非物质文化遗产代表性项目名录。苏州是著名的水乡泽国,有东方威尼斯之誉,自古以舟楫为交通,苏州人好水上游,苏州的船点就在游船上发展了起来。相传吴王夫差曾与爱妃西施江

黄天源桃仁夹糕

湖宴游，开了船菜、船点之风。到唐代，山塘河开凿后，溯七里山塘而游虎丘，成了数百年不衰的习俗。到后来，石湖看月、胥江放棹、消夏湾留梦……水上游览的节目越来越多，苏州人有"飞船会饮"之俗，所谓"舴艋有灶，酒茗肴馔，任客所指"。船点便是在这样

苏州长物·城

水晶梅花饺

的背景下产生发展的。船点虽有粉、面之别,但"皆制成各种鲜果、花卉、人物、动物等形状,如桃子、佛手、柿子,还做'暗八仙',如铁拐李的'葫芦'、吕洞宾的'雌雄剑'、汉钟离的'风火扇'、何仙姑的'荷莲'等,形态古朴,色泽鲜艳。馅心以玫瑰、夹沙、

四色定胜糕

四喜蒸饺

薄荷、水晶为最多……"甚至有人认为，苏州船点有吴门画派之妙。

20世纪50年代后，苏州游船渐少，船菜、船点也日趋式微，部分厨艺人员移往岸上，将船菜、船点制作技艺带到饭店酒楼。随着人员流动、外来菜系和国外餐饮的影响，苏州船菜、船点制作技艺已少有传人。船点小巧玲珑、制作精美，分为粉点、面点。粉点，以米粉制作，采用天然植物色素，配成各种粉艺材料，以花卉植物、鱼虫鸟兽为造型，古人称饤。白案名厨，常将船点捏塑成苏州著名园林风景名胜以飨客人。面点，以面粉制作，有合子酥、眉毛酥、四喜蒸饺（四种颜色：红用火腿末，黄用蛋黄末，青用青豆末，黑用香菇末）、藕粉饺等。菜馆宴席常用点心还有一品大包、水晶大包、松子猪油枣泥拉糕、薄荷扁豆糕、栗子糕、八宝甜饭、三色豆茸、花边水饺、橘酪元子、什锦细米、冰糖莲子羹、桂花百果栗子羹等。

中华老字号得月楼始创于明代嘉靖年间，距今已有400多年历史。原址位于苏州虎丘半塘野芳浜口。1982年，得月楼复建于观前街太监弄。改建扩容后，以精致的园林风貌再现姑苏。得月楼传承苏帮菜系，擅长船菜、船点，名菜名点有：碧螺虾仁、得月童鸡、西施玩月、松鼠鳜鱼、蜜汁火方、虫草甫里鸭、枣泥拉糕等。20世纪60年代滑稽戏喜剧电影《满意不满意》就是以得月楼为背景拍摄的，得月楼因此电影而驰名全国；80年代，一部叫《小小得月楼》的电影在得月楼里拍摄了3个月，电影又因为得月楼而风靡一时。2014年《舌尖上的中国2——心传》拍摄的苏式糕点，也是在得月楼。

海棠糕

玄妙观小吃

  玄妙观是苏州小吃最为集中的地方，明代天启年间已有露天书场，至清代设摊者日多，遂演变成古城中心一处热闹的集市，有小吃、日用杂品、文具玩具、对联字画、花鸟鱼虫的摊店以及医卜星相、江湖杂耍等，五花八门，不一而足。玄妙观的小吃名目繁多，如小米子糖、灰汤粽、佘鱿鱼、熏鱼、凉粉、藕粉、百页、酒酿圆子、豆腐花、糖粥、梅花糕、海棠糕、焐酥豆、五香茶叶蛋、鸡鸭血汤，其余如面、小笼馒头、锅贴、烧卖、馄饨、汤团等，应有尽有。

1912年，玄妙观弥罗宝阁被大火所毁，三清殿后出现了一块3000多平方米的废弃空地，各种小吃摊店便从正山门、东西脚门、三清殿露台周围等地延伸过来。顾禄在《清嘉录》中，曾对玄妙观小吃摊店情景作过记述："城中玄妙观，尤为游人所争集。支布幕庐，晨集暮散，所鬻多糖果小吃坊及小食店，门市如云……托盘供买食品者，亦所在成市。"20世纪30年代，玄妙观著名的摊店，有专售梨膏糖的文魁斋、观振兴面店、王源兴酒酿豆浆店、小有天藕粉店、五芳斋、大芳斋、六芳斋、七芳斋等，还有百年以上历史的三万昌、品芳两家茶馆。1935年《苏州明报》有专文介绍玄妙观小吃，说："五芳斋的排骨很出名……露台上的糖粥、御道东的海棠糕、东边的小肉线粉，都是玄妙观里出名的食品，至今仍保住盛况……"苏州玄妙观小吃，是苏州传统小吃的代表，具有选料讲究、制作精美、重节令、讲新鲜和价廉物美等特点。

　　"笃笃笃，卖糖粥"，是苏州童谣，说的是以"笃笃笃"梆声为号的骆驼担，走街串巷卖糖粥，姑苏城内弄堂里的小脚好婆牵着小宝宝望眼欲穿，等待一碗香甜糖粥的民俗风情。骆驼担以竹制成，因为形状像骆驼而得名。骆驼担的一头有灶，灶上有铁锅，另一头是装满碗筷和各种作料的小抽屉；担子中间有根微弯的竹梁，正好可供人肩负而行；担子前头，还有盏小小的风灯，供晚上照明。

　　玄妙观小吃的一个特点是选用原料颇多讲究。首先，讲产地。如糖粥所用之赤豆，就定要选用天津产的"大红袍"，此地所产赤豆，粒大饱满，颗粒均匀，煮后酥绵，吃口细腻。糯米则要选金坛、常熟等地产的，该处所产糯米黏糯馨香。其次，讲品种。如加工五香排骨、五香小肉的猪，一定要选用太湖猪，该品种的猪肉，在烹调加工时有特殊的香味，鲜美无比。除品种之外，还讲究部位，如五香大排，定要用猪身上的大排；五香小肉，则要剔除筋膜、肥膘等。

　　玄妙观小吃的又一个特点是制作精美。有些产品，"每日皆有定数"，绝不粗制滥造，所谓宁缺毋滥。如蟹壳黄，形如大闸蟹，

记忆中的味道

内有猪油、葱花,通体油酥,沾有白芝麻,刚出炉时,蟹壳微黄,芝香扑鼻,小巧玲珑,趁热食用,松、脆、香、肥,咸淡适度,深受市民欢迎。再如两面黄,选用宽 3 毫米左右的小阔面,称好分量后,盘成圆团状,放入油锅煎炸,至微呈金黄色,再配以虾仁、肉丝、蔬菜丝等煸炒,调以卤汁,装盘上席。色泽爽心悦目,咸淡适宜,香脆可口。

玄妙观小吃还有一个显著特点就是重时令、讲新鲜。如据民国《吴中食谱》记载:"点心,随时令不同。汤包与紧酵为冬令食品,春日为汤面饺,夏日为烧卖。""秋日有蟹粉馒头。"再如二月二吃撑腰糕,清明前后吃青团子、酒酿饼,八月中秋吃月饼,深秋时分吃焐熟藕、铜锅菱、热百果,秋冬季节吃糖粥等。玄妙观小吃讲究新鲜，一是指符合节令；二是指原材料要新鲜；三是指要即时食用，如五香排骨、五香小肉、蟹壳黄、两面黄等，都要及时食用，要趁脆吃、趁热吃。

苏州糖粥就是红豆粥。冬至日吃红豆粥的习俗，相传始于1600多年前，南北朝时梁人宗懔所著中国第一部岁时民俗志《荆楚岁时记》记载："共工氏有不才子，以冬至日死，为疫鬼，畏赤小豆，故冬至作粥以禳之。"也就是说，这个习俗是为了预防瘟疫。苏州的红豆粥，红豆和粥分别做，红豆做成豆沙，粥上碗后，红豆沙再浇上去，宛若红云盖白雪。

桂花赤豆小圆子

烧糖粥，米和糖水的比例必须一次加准，中间不能加水。先用旺火烧，再用文火焖。米粒开花但不黏，锅里不能上清下沉，下沉了就要结底，有煳味。老法焐酥豆不是用赤豆烧的，是用上好的蚕豆浸胖后加碱、加水，焐烂，连壳也要烂。但是要让它起沙，还必须把热的红糖水冲入沸腾的焐酥豆汤中，才能成功。

20世纪三四十年代，糖粥摊就设在玄妙观十八景中的"一步三条桥""铁钉石栏杆"的露台东北角，三块大门板、三条大长凳，三个铜板一碗糖粥或者焐酥豆。半碗糖粥上加一瓢焐酥豆，叫来碗"鸳鸯"。焐酥豆不是赤豆，是乌黑

苏州长物·城

—"美食智慧"—

油亮起沙的豆沙厚浆。过去，为了节约成本，要去娄门、葑门等处的米行寻"滩糯"，就是糯米屯最下面一层的糯米，因存放时间较长黏性不足，倒正好使烧出来的粥不薄不稠。糖用的是南货行拆包后丢下的白糖蒲包或者麻袋，需求量很大，最远的还要向上海十六铺的南货商行购买。先要洗蒲包，将包上残留的糖融化在水中，然后烧开，撇去泡沫残物，再用豆浆冲入，可使糖水在上，沉淀物在下，澄清后，过滤取出糖水。糖麻袋则还要加几道工序，分离、脱气味才行。

梅花糕和海棠糕被称为"花糕"，是苏州最传统、最经典、最有特色的传统小吃。西汉李谷金在《御民食书》中描述："梅花糕，外壳与器具烤，类似饼，圆形似梅花。"东汉刘似畅的《食纪史》、北魏贾思勰的《齐民要术》、隋谢讽的《食经》等史料都有过记载，清代袁枚《随园食单》则明确指出："梅花糕源于苏州，历史悠久。"虽然行内人称"先有海棠，后有梅花"，但直到清代曹雪芹的《红楼梦》，从宝玉描述胭脂的诗句中，才看到文字记载："绣带盈盈隔座香，新裁谜语费商量。海棠饼好侬亲裹，寄与郎知侬断肠。"海棠糕只有民间传说。据传，海棠糕是一个乞丐，把从大户人家后院乞讨来的面粉、果脯屑粒等掺和在一起，在废弃的大门铁臼里用火烤，被大户人家的丫头看到，学了去，最后成了哄小姐、太太开心的私房点心。海棠糕比梅花糕小一点，所以一般太太、小姐们吃海棠糕，老爷公子们吃梅花糕。梅花糕一炉19只，海棠糕一炉7只，梅花糕的每个模具都是一朵梅花状，而海棠糕是7个模孔拼成一朵7个花瓣的海棠花。

梅花糕是用面粉、酵粉和水拌成浆状，注入烤热的梅花模具，放入馅心，馅心一般有豆沙、芝麻、鲜肉、玫瑰几种，陈老大（陈老大梅花糕是苏州著名非遗美食）一般只做豆沙馅心的，他的秘诀是，豆沙和枣泥一起熬制，特别香。至于放果酱、小圆子的，则是他的外地徒弟自创的，不是正宗苏州老法头做法。放好馅心后，再

苏州长物·城

梅花糕

注上面浆，撒上白糖、红绿丝，点缀上半颗金橘干，浇上桂花水，盖上铁盖，再烤。梅花糕呈倒锥形，用铜签钳出模具后，在手里正好盈盈一握。海棠糕是扁平状的，也有馅心，最后还要撒白糖烤成焦糖，原料和梅花糕相似：芝麻、猪油、红枣、冬瓜糖、红绿丝、葡萄干、西瓜子仁、金橘干、核桃肉、蜜枣、桂圆肉、松子仁等。为了节约成本，这12样原料，一般省去最贵的核桃肉和桂圆肉。至于那粒猪板油，随着时代发展，现代人不吃或少吃油腻，所以基本不用了。有些上了年纪的老顾客，有时候会牵记那口焦糖板油香。老顾客里有吃斋念佛的，就不要猪油啦。梅花糕主要吃里面的豆沙，海棠糕主要吃上面的南北货。到苏州，不吃这一口，不算吃过苏州小吃。即便不爱吃甜食的，趁热咬一口，也保证让你口齿生香，回味无穷。

蟹中之王——大闸蟹

阳澄湖大闸蟹

中国有许多地方盛产螃蟹，而阳澄湖镇、巴城、唯亭等地出产的清水大闸蟹最为著名，素有"蟹中之王"的美称。阳澄湖大闸蟹学名中华绒螯蟹，其特征为青背白肚、金爪黄毛，故又称"蟹壳青"，它们脚力强劲，能在玻璃上爬行，和其他螃蟹相比，显得威风凛凛，人称"铁甲将军"。普通河（湖）蟹腹部的白色，大多为米白色、黄白色，较为黯淡，而阳澄湖大闸蟹的白肚却白中带青，有光泽，给人晶莹、清白的感觉，似有玉的质感。阳澄湖大闸蟹两螯八腿上金黄色的茸毛，有的长达3—4厘米。阳澄湖大闸蟹蟹爪颜色近似上等烟丝的金黄色，故又名"金爪蟹"。阳澄湖大闸蟹系游爬性动物，每年 10 月之后，母蟹爬游至长江口江海交界水域产卵，来年春天孵化后，幼蟹自行返回湖中成长。阳澄湖因水质清澄，光照充足，且湖底不淤，故适宜河蟹生活。至 5 月、6 月，幼蟹开始换壳，霜降为其发育期，寒露时最为肥壮，是品蟹最佳时间。深秋月明之夜，河蟹活动频繁，是捕捞的好时机。

吴地百姓吃蟹的历史十分悠久。特别是随着唐、宋两朝经济发展，人们对饮食的要求也变得精致起来，在文人的加持下，吃蟹常与赏菊、吟诗、作画、饮酒联系在一起，体现了苏州对于美食"不雅不食"的追求。为了"优雅"地吃蟹，早在明代，苏州人便发明了"蟹八件"，包括垫蟹的小方桌、敲蟹的圆腰锤、劈蟹的长柄斧、叉蟹的长柄叉、剪蟹的圆头剪、夹蟹的镊子、剔蟹的钎子、舀蟹的小匙，常为铜铸。因为精美实用，甚至很长一段时间里还成了苏州姑娘的必备嫁妆。在陆文夫的《美食家》中，主人公朱自冶说重阳节吃蟹，光剔蟹的工具便有 64 件，全是银子做的，这或许是小说的夸张吧。事实上，吃蟹真正用到"蟹八件"的反而是少数。很多苏州老饕徒手吃螃蟹照样能"吃仔倷格肉，还仔倷格壳"，吃剩的螃蟹壳还能拼成完整的螃蟹。

苏州人吃蟹讲究九雌十雄，也就是农历九月团脐雌蟹蟹黄饱满结实，农历十月尖脐雄蟹膏多，故而有"西风起，蟹脚痒，九月圆脐十月尖"之说。关于吃螃蟹，苏州学者叶正亭先生说应有"六不吃"，即心、肺（鳃）、胃、大肠、小肠，还有一身壳不吃。在蟹砣中间，有六只角的肉，俗称六角肉，是螃蟹的心脏。说螃蟹性寒，此物最寒；蟹砣两边像眉毛一样灰白色的，是螃蟹的呼吸系统，也就是肺（鳃）；在蟹壳顶端，有一个三角形的囊，便是螃蟹的胃。将蟹砣一掰两半，可以看到中间有一根黑色的管子，这是螃蟹的大肠。另一根在母蟹圆脐中间，当然公蟹也有，但公蟹的尖脐，几乎可以忽略。除此以外，螃蟹性寒，以中医"药食同源"的道理，有相生相克的食物。螃蟹与紫苏、生姜、黄酒、香醋绝配，相反则不可与浓茶、柿子、橙子、橘子同食。

碧螺春

自古以来,中国人就有种茶、采茶、制茶和饮茶的习俗。制茶师根据当地风土,运用杀青、闷黄、渥堆、萎凋、做青、发酵、窨制等核心技艺,发展出绿茶、黄茶、黑茶、白茶、乌龙茶、红茶六大茶类及花茶等再加工茶,共 2000 多种茶品,供人饮用与分享,并由此形成了不同的习俗,世代传承,至今贯穿于中国人的日常生活、仪式和节庆活动中。

2011 年,绿茶制作技艺(碧螺春制作技艺)经中华人民共和国国务院批准列入第三批国家级非物质文化遗产代表性项目名录。2022 年 11 月 29 日晚,我国申报的"中国传统制茶技艺及其相关习俗"在摩洛哥拉巴特召开的联合国教科文组织保护非物质文化遗产政府间委员会第 17 届常会上通过评审,列入联合国教科文组织人类非物质文化遗产代表作名录。"中国传统制茶技艺及其相关习俗"是有关茶园管理、茶叶采摘、茶的手工制作,以及茶的饮用与分享的知识、技艺和实践。

碧螺春茶种植始于两晋南北朝,唐宋两代列为贡茶,俗称"吓煞人香",清康熙因其茶"清汤碧绿,外形如螺,采制早春"而赐名为"碧螺春"。碧螺春茶制作全部采取传统手工技艺,其制作分采摘、拣剔、摊放、高温杀青、揉捻整形、搓团显毫、文火干燥七道工序。碧螺春具有"条索纤细、卷曲成螺、茸毛遍体、银绿隐翠"之外形及"汤色碧绿、清香高雅、入口爽甜、回味无穷"之内质,被誉为"茶中仙子"和"天下第一茶"。

碧螺春茶叶产于春季,以苏州太湖之滨的东、西洞庭山出产的茶叶为最佳。因其炒成后形状紧结、蜷曲似螺、色泽翠碧诱人、白

手工焙制碧螺春

苏州长物·城

毫显露而得名,是中国十大名茶之一。焙制碧螺春,全靠炒茶工双手在锅里不停地焙弄嫩叶,掌握温度,适时运用团、揉、搓、炒等手法。沏碧螺春茶忌用滚水冲泡,宜先倒开水于玻璃杯中,稍后再放茶叶。茶叶迅速下沉,一芽一叶在杯中徐徐展开,犹如雪片飞舞,慢慢舒展,此时汤色碧绿,香气清雅,经久不散。

茶在苏州人生活中具有相当重要的地位。旧时,苏州水灶茶馆随处可见,许多人一早起来就泡在茶馆里,品茗聊天或洽谈营生,兼可欣赏评弹。茶馆里"吃讲茶"是用来解决民事纠纷的一种手段。如今,苏城茶馆已不多,各园林内的茶室已没有以前那些功能,仅供游人休息品茗。春节期间以"元宝茶"(橄榄茶)待客已少见,拜师和婚俗中送茶习俗还是有的。

苏州栽培香花遍布于虎丘一带。宋徽宗时,朱冲以善治园圃著名,后因"花石纲"之灾,民怨甚深,其子朱勔被斩,孙辈移居虎丘山麓,以种花叠山为业。当地居民亦以此业多世传承。苏州旧时香花种类极多,专事观赏、佩戴、装饰庭园。随着茶叶生产的发展,清光绪中期,苏州出现花窨茶业,开始发展茶花生产。

花农,清代称"园户",民国称"园作业",中华人民共和国成立前夕称"花农"。至1937年"园作业"达560户,种植的品种有茉莉、白兰、珠兰、玳玳、玫瑰、栀子、山茶等十余种,以玳玳为最多,占窨茶茶花的90%。后因茉莉易栽培,繁殖快,逐年取代玳玳。1940年,茉莉花产量两倍于白兰。窨茶用的茉莉、玳玳、白兰,其名也由香花改称茶花。白兰原产于喜马拉雅山,20世纪初,只有少量种植,供佩戴装饰用。1933年后,始用白兰窨茶,品质远不及茉莉花茶。花茶主要供应北方,受北方人青睐,苏州本地人不太爱喝花茶,苏州人喜喝嫩叶新茶。清明前的明前茶,是每年春天苏州人的念想。

枇杷

枇杷杨梅洞庭红

　　太湖边,一年四季瓜果时鲜迭出。枇杷为初夏果中上品,果实五六月份成熟。明嘉靖年间,洞庭东、西山已盛产枇杷,尤以东山白沙村产的白沙枇杷和西山青种枇杷为最。明代王世懋《学圃杂疏》记载:"枇杷出东洞庭者大,自种者小,然都有风味,独核者佳。"白沙枇杷果如金丸,肉似羊脂,温润甘香,入口而化,吃在嘴里犹如掉入了"蜜罐"。最著名的"照种白沙"乃清末贺荣泉(号照山)悉心培育而成,该品种是当时吴县枇杷的主栽品种之一。如今东山

杨梅

广为传播的照种白沙,系嫁接后的第二代枇杷。其果实均匀整齐,形如圆球而稍扁,肉厚汁多。20世纪90年代,吴县果树研究所选育出早熟品种白玉、晚熟品种冠玉两个优良品种,从此形成了东山以白玉、冠玉为主,西山以青种为主的苏州白沙枇杷生产格局。西山青种枇杷亦有特色,至今已有130余年历史,果实成熟时蒂部仍"泛"青绿色,是该品种最易辨认的特征,青种之名亦由此而来。其优点为皮薄、肉厚、汁多、核小、柄短、甜酸适度。苏州人吃枇杷相当讲究,无论哪种,都以"独核"为佳,最好要无核,并且总

洞庭红

结出了相应的生产技术——"初接则核小，再接无核"。在吃枇杷的时节上同样细致，枇杷熟七八分时就要采下来，摘下后过两天吃，果皮顺手而下，味道最佳。

枇杷落市，杨梅便上场了。苏州是杨梅的主要产区，栽培主要集中分布在太湖洞庭东、西山及光福、通安树山和常熟虞山一带。光福杨梅以铜坑山所产杨梅品质最佳、最著名，故世称"铜坑杨梅"，曾被列为贡品。常熟虞山宝岩的水晶杨梅最为特别，宋宝祐年间的《琴川志》、民国时期的《重修常昭合志》中均有记载。至民国后

红橘缀满枝头

期，苏州的杨梅培育品种达到25个，分布在多个区域，随着产业的发展，1949年之后，栽培品种稳定在20个，东山以小叶细蒂为主，西山以乌梅为主，大叶细蒂、浪荡子等品种为次，这一格局一直发展至今未有大的改变。苏州人爱杨梅之美味，但杨梅易腐，保质期短，雨和鸟类也会对其造成破坏，苏州人便利用各种技术，将杨梅之美味留存，一年四季可食其味。蜜渍、糖腌、糠熏等，都是苏州人历代传承下来的杨梅制法。

洞庭东、西山盛产橘子，因其既甜且香、汁多筋少、色微红，故称"洞庭红"。"洞庭红"早在唐代就已被列为贡品，故又称"贡橘"。洞庭红橘皮薄味甜，色泽鲜红，果形整齐，耐储藏，有两大品种，一种叫"早红"，另一种叫"料红"。"早红"成熟期较早，不经霜就可采摘，比一般柑橘上市要早。"料红"成熟期较晚，经霜打后采摘，易储存，采后装入竹筐，裹以松针，可贮藏到春节上市，且色、香、味如新摘。直到20世纪80年代的苏州，东山的橘子在家家户户还是一宝，过年的时候，一定要在年初一才拿出来放在果盘里，招待亲友。小朋友们在年前看见了橘子是忍不住馋虫的，总要偷偷摸摸拿几个吃吃。后来，随着南方各种橘子的到来，洞庭红橘逐步淡出了人们的视野。直到2013年，苏州开始了洞庭红橘保护行动。科研人员从东、西山7棵基因最优秀的红橘树上，采集留存了纯正的"洞庭红"种质基因。

中秋之夜

岁时节令的一年

梁白泉先生说过:"没有超时空的、抽象的民族文化,要有就是这个地区、这个民族的具体的民俗文化。"苏州这样历史文化底蕴深厚的城市,无论是生产生活,还是岁时节令,都有自己富有个性的独特的礼仪习俗。限于篇幅,这里特选冬至节、春节、元宵节、山塘看会、轧神仙、端午节、观莲节、中秋节8个具有苏州地方特色的岁时节令和大家分享,窥一斑以见全豹。

冬至

"冬至大如年",对于冬至节的重视程度,可能全国各地只苏州独有。原因在于古人把子、丑、寅、卯等十二地支和十二个月份相配,通常冬至所在的月份配子,称为"建子之月",按照周代历法,以"建子之月"为岁首,冬至就是一年的开始。两千多年前,周王的两个儿子泰伯、仲雍让贤奔吴,把"建子之月"为岁首的习俗带到了吴地。虽然后来历法变更,冬至不再作为新年开始了,但"肥冬瘦年"的习俗在苏州留存了下来。

冬至在秋收之后,一年农事结束,农民们趁冬至节拜神祭祖,团圆庆祝。临近冬至,亲朋好友相互馈赠,称"冬至盘",商业繁忙如"冬至汛"。冬至前一夜称为"冬至夜",阖家团圆吃冬至夜饭,称为"节酒"。苏州人自古饮酒成俗,认为每年农历八月到第二年的三月都可以酿酒,但只有小雪后下缸、六十日入槽的酒最佳,称为"冬酿酒",久藏不坏。当时的名品有草药酿成、色清香冽的"靠壁清",还有白面造曲,白水、白米酿成的"三白酒"。我们现在冬至节喝的桂花冬酿酒是近代生产的酒精度很低的一种甜酒,早已不是原来意义上的冬酿酒了。

过去,冬至节前家家户户要磨粉做团子,馅有甜有咸,甜的有糖、豆沙、枣泥、芝麻等,咸的有肉、菜、萝卜丝等,叫作"冬至团"。从冬至开始,腊月廿四做谢灶团,岁末年初做糖年糕,正月初一吃百岁小圆子,春节期间吃欢喜团,正月十五吃元宵。冬至除了祭祀祖先,人们还相互拜贺,这叫作"拜冬"。冬至虽然严冬刚刚开始,但是从这一天起,白天一天比一天长,阳气慢慢抬头了。所谓"连冬起九",就是指自冬至日起,九九八十一天冬尽。有一种九九消寒图,自冬至日起每天涂画一部分,冬尽图案成。元代有一种九九消寒图画的是梅花,自冬至起,每天涂染一个花瓣,九九八十一个梅花瓣都涂满了,冬天就过去了。常熟等地还有九九消寒会的习俗，九位文人士绅从冬至日起，每隔九天一人做东，举行酒会，高谈阔论。

春节

旧时，其实农历正月初一才称为元旦，辛亥革命之后，中国改公元纪年，公历1月1日始称元旦，农历正月初一就改成春节了。苏州人仍然习惯称农历正月初一为过年，沿袭了很多过年的习俗。我们现在所说的农历，也叫阴历，其实是根据月亮圆缺制定的夏朝历法。

古籍记载周代有腊、蜡二祭。腊祭祖先，蜡祭百神。秦汉时，统称腊，祭祀都在每年年终进行，农历十二月就被称为腊月。腊月廿三或廿四日苏州旧俗要送灶，家家要购备各色果品、香烛及纸轿神像，祭祀灶神。供品不能缺少糯米团子及"糖元宝"，据说这可以使灶神在玉帝前多说好话。祭后，要将供在灶座神龛内的灶神像及灶帘、纸轿送至门外焚烧，送灶神上天。到除夕夜接回，神龛里换进新的桃花坞木版彩印灶神像。现在，市面上仍有"糖元宝"出售，民间尚有"掸檐尘"及煮团子习俗。

腊月三十日，也就是农历十二月最后一天除夕，俗称大年夜（前一天称小年夜），民间至为看重，常年在外者，都要赶回家中团聚。苏州人一顿年夜饭起码为"八盆（冷盆）、一暖锅（荤素花色什锦）、一耳朵（一鱼一肉）"，其中必有肉圆、蛋饺（象征团圆、元宝），菜名均以吉语称之，如"长庚菜"（青菜）、"如意菜"（黄豆芽）。饭前，要供饭菜祭祀祖先，俗称"摆年夜饭"。吃年夜饭最后上鱼，不能吃完，称"吉庆有余"。白米饭也要剩些，置新饭箩中，上置红橘、乌菱、荸荠及糕元宝，插竹枝、甘蔗、秤杆，寓意为"称心如意""节节高"；陈列中堂，至新年蒸食，名隔夜饭，寓意为"年年有余粮"；并把米饭及年菜放在床下给老鼠吃，传说当夜"老鼠

水乡元宵（张晓飞绘）

娶亲"。年夜饭的"磨夜作"一般都要过零点，这叫守岁。饭后，将井泉童子的纸马和年糕等一起置于匾里，放在井上，点烛斋供，名叫封井。同时，还得接灶。封井炮仗未放之前，要去玄妙观（星宿香）或凤凰街大仙殿（仙香）里烧头香，祈祷好运、发财，下半夜，还要跪喜神方。

正月初一是一年之始、四季之始、一月之始，苏州人把年初一称为岁朝，早晨要放开门炮仗，喝屠苏酒，叫卖黄连头，叫鸡。隔天大年三十上午阳气上升之时，还要挂桃符、贴春联、换年画。年初一众人相

灯彩花窗景（汪筱文摄）

苏州长物·城

见要拜年,官宦之间也有遣子弟家差传飞帖拜年的,正月初一到正月十五,亲朋好友互相邀饮,喝"年节酒"。大年初一忌扫地、乞火、汲水、针剪、倒垃圾、倒马桶、喝粥和汤茶淘饭,早晨要吃小圆子和年糕。正月初五接路头,路头菩萨又叫五路财神,正月初五是他生日,为抢路头,仪式从正月初四凌晨就开始,鞭炮齐鸣的习俗沿袭至今。正月十三抬猛将。正月十五过完元宵节,年才算真正过完了。

元宵节

正月十五是一年之中的第一个月圆之夜,古人称为"元夜",又叫"上元节"(七月十五叫中元节,十月十五叫下元节),夜古代就是宵,所以元夜又叫元宵。元宵节又叫灯节,旧有放灯习俗。苏灯自宋以来就闻名遐迩。明清时期每年元宵节前,皋桥、吴趋坊一带便出售各色花灯,灯铺有100余家,其中走马灯最有特色。清末民初,苏州放灯时间为五日五夜,从正月十三日晚试灯始到十八日落灯止。旧时还有上灯日到宋仙洲巷大猛将堂看大蜡烛、妇女"走三桥"及"走马锣鼓"等习俗。现在,放灯之俗已变为园林等公共场所举办的灯展活动,但吃元宵习俗还在。20世纪20年代程瞻庐等在公园首创的文虎(灯谜)活动仍然盛行,目前苏州有专门的灯谜组织,如苏州市民间文艺家协会灯谜分会,元宵佳节,他们活跃在各种场合。

"抬猛将"是太湖流域重要的民俗活动,近年来在不少村镇已经恢复。猛将文化在太湖边的众多乡村都能寻到踪迹,但"赤膊抬猛将"则来自胥口新峰村的蒋家村。每年的正月十三,在外工作生活的蒋家村人,不论多忙,都会赶回老家,设宴招待亲朋好友。就像中国人除夕夜要回家吃年夜饭一样,这已经成为全村人的一种精神寄托。"胥口猛将会"已被列入苏州市非物质文化遗产项目名录。

猛将在胥口一般被认为是刘猛将，是驱蝗神，同时也是太湖流域村民、渔民的守护神。相传，有一年蝗虫成灾，被外公外婆收养、住在太湖边的刘猛将脱下衣服，往竹竿上一扎，冲进稻田驱赶蝗虫。他日夜驱赶，将蝗虫全部赶进水中后力竭而亡。为了祭奠英勇无私的小猛将，村民便建立庙堂祭祀。这些庙堂分布在多个村庄里，小猛将的事迹也在太湖边流传至今。

山塘看会

史料记载，苏州地区自古"好淫祀"，信鬼神，故有迎神赛会习俗，苏州人俗称"出会"。最有名的三节会就是每年清明、七月半、十月朝（初一）的三次出会。清明节这一次尤为隆重。出会那一天，苏州城内一府三县（苏州府、吴县、长洲县、元和县）30多个土谷神像（土地庙里的菩萨）都要排了仪仗，经阊门山塘街，到虎丘郡厉坛受祀。现在虎丘山门内停车场里有个救火烈士墓，就是原郡厉坛旧址。出会那天，渡僧桥、山塘街一带万头攒动、人山人海。庙里的菩萨出会的仪仗一如官衙老爷出巡，队伍前面有鸣锣开道的差役，还有庙里的皂隶（由官衙差役装扮）西军夜、刽子手（由肉店、水果店、豆腐店大肚腩老板装扮）红衣班，神气活现，招摇过市。出会队伍中还有众多民间文艺表演——抬阁、高跷、十番锣鼓、杂技，还有八宝箱、托罗手、喝夜壶水的"痴官"。这些民间文艺表演为老百姓喜闻乐见，如今有些已被收入一年一度的虎丘庙会。

轧神仙

农历四月十四日相传是吕纯阳（洞宾）诞辰，俗称"神仙生日"，这天苏州城里有个重要的民俗活动就是去神仙庙轧神仙。轧,吴语读作(gá),就是挤来挤去的意思。传说这天八仙之一的吕洞宾要化身下凡,点化世人,所以大家都要去神仙庙挤来挤去,希望轧到神仙,沾点仙气,祛病消灾,交上好运。附近杭嘉湖及沪宁线各地都有人来轧神仙。吕洞宾身背药葫芦云游四方,苏州中医界把他作为医药业祖师,所以神仙庙又是神医院,原来庙里有仙方店,也就是中草药铺。阊门内下塘福济观,俗称神仙庙,每年农历四月十四日前几天,上下塘就开始列摊设市,出售各种花草盆景、泥塑玩偶、儿童玩具等。善男信女特别是得疑难杂症者,大多去庙中烧香,祈求仙人相助,而更多的人则是为买几件小玩意或几盆花卉而去赶市的。此间所买之物都冠以神仙两字,如"神仙乌龟""神仙糕""神仙茶"等。庙会一般持续五六天,其中十三到十五日人最多、最轧。庙会上所卖的花草都叫"神仙花",老百姓将花草买回家去,种植起来,等到来年轧神仙的前夜,将老叶剪掉,铺在自家门口,让各路神仙踏过,以求仙气。这就是四月十三日夜修剪千年箐(万年青),这个习俗现在仍在。神仙庙已移建南浩街上,集市仍以买卖花卉、泥玩为主,苏州人已将它看作一处轧闹猛的民间花市。

端午节

"端"是开始的意思,五月第一个五号就称"端五",农历五月又称"午月",所以,"端五"又称"端午"。农历五月是毒月,端午节在农历五月初五,故旧俗多与避邪防毒有关:家家门悬蒲剑、艾草、蒜头,厅堂内挂钟馗像,门梢床头贴五毒符,庭院洒雄黄水;小孩戴虎形帽并穿虎纹衣、虎头鞋,额上用雄黄水写"王"字;妇女挂内盛雄黄或其他香料做的香袋,亦有挂用五色丝线裹成的小彩粽或用彩绒裹在铜钱上做成的五色符;还有用布帛剪成人骑老虎形

端午节，家家门上悬蒲剑、艾草、蒜头

象的，或将成仙佛、禽兽、八宝群花之类串成一长串，作为礼品互相馈赠，俗称"健人"。现在端午吃粽子之俗犹存，佩戴与健人习俗相关的小工艺品，尚能在端午节于苏州一些街头巷尾见到。苏州端午节吃粽子、划龙舟和全国其他地方不一样，不是为了纪念屈原，而是为了纪念伍子胥，端午节胥门外有龙舟竞渡。

观莲节

荷花又叫莲花，每年农历六月荷花盛开，旧时六月二十四日民间有观莲节，苏州老百姓就将这一天当作荷花生日。这一天，男女老少都要到荷花荡观荷。荷花荡在离城一公里的葑门外，东南与黄天荡相接，湖面宽阔，便于泛舟湖上。湖面凉风习习，游船画舫上箫鼓齐鸣，弹唱叮咚。听着小曲，品尝着精美的船菜、船点，特别是古时苏州的冰窖大都在葑门外，离荷花荡不远，盛夏酷暑，还可以吃到冰窖西瓜，好不惬意。因为船太多，挤来挤去，有时候挤不过去都看不见荷花，不巧时还会遇上夏季傍晚的雷阵雨，游人们只能卷起裤腿赤脚回去，所以有"赤脚荷花荡"之说。后来人们渐渐就跑到虎丘山塘浜去纳凉看荷了，有的甚至跑到西山消夏湾去观莲，就是我们前面说到过的古村落。

中秋节

农历八月十五日"中秋节"，出门在外的人都要赶回家团聚，吃月饼赏月，俗称"团圆节"。旧时，每逢中秋，苏州稻香村茶食店必把"五路财神出巡仪仗"等小摆设陈于店前供人观赏。这套小摆设有彩绘泥塑、竹雕木刻，一件件十来公分高，鸣锣开道、棋牌官、轿夫走卒、万民伞、肃回牌、宝马、暖轿……一字排开有一丈多长，蔚为壮观。一般人家，只要小有收藏，也会摆在大厅八仙桌上让人欣赏。这个习俗叫作"看小摆设"。普通家庭要在月下供奉菱、藕、石榴、柿子、栗子、白果等时令瓜果及月饼，焚香点烛"斋月宫"，直到烛尽香尽；还要焚烧从香店买来的、以线香编成的宝塔状香斗及用纸扎成的月宫斗面，俗称"烧斗香"。妇女结队出门"走月亮"，在走月亮过程中，要去田里偷摘南瓜带回家藏于绣被中，这一夜偷瓜，瓜主人不会嗔怪，因为"南""男"同音，这个中秋偷瓜祈男的习俗叫作"摸秋"。人们逛虎丘、游山塘，泛舟河上，在灯船上赏月。苏州乡野农村，以瓦叠七级宝塔，四周燃灯，塔中供奉地藏王菩萨，称为"塔灯"。有些人家则在家门口竖起竹竿，搭成桥形，挂上一种叫"观音灯"的彩灯，用以驱疫。

中秋彩灯

苏州长物·城

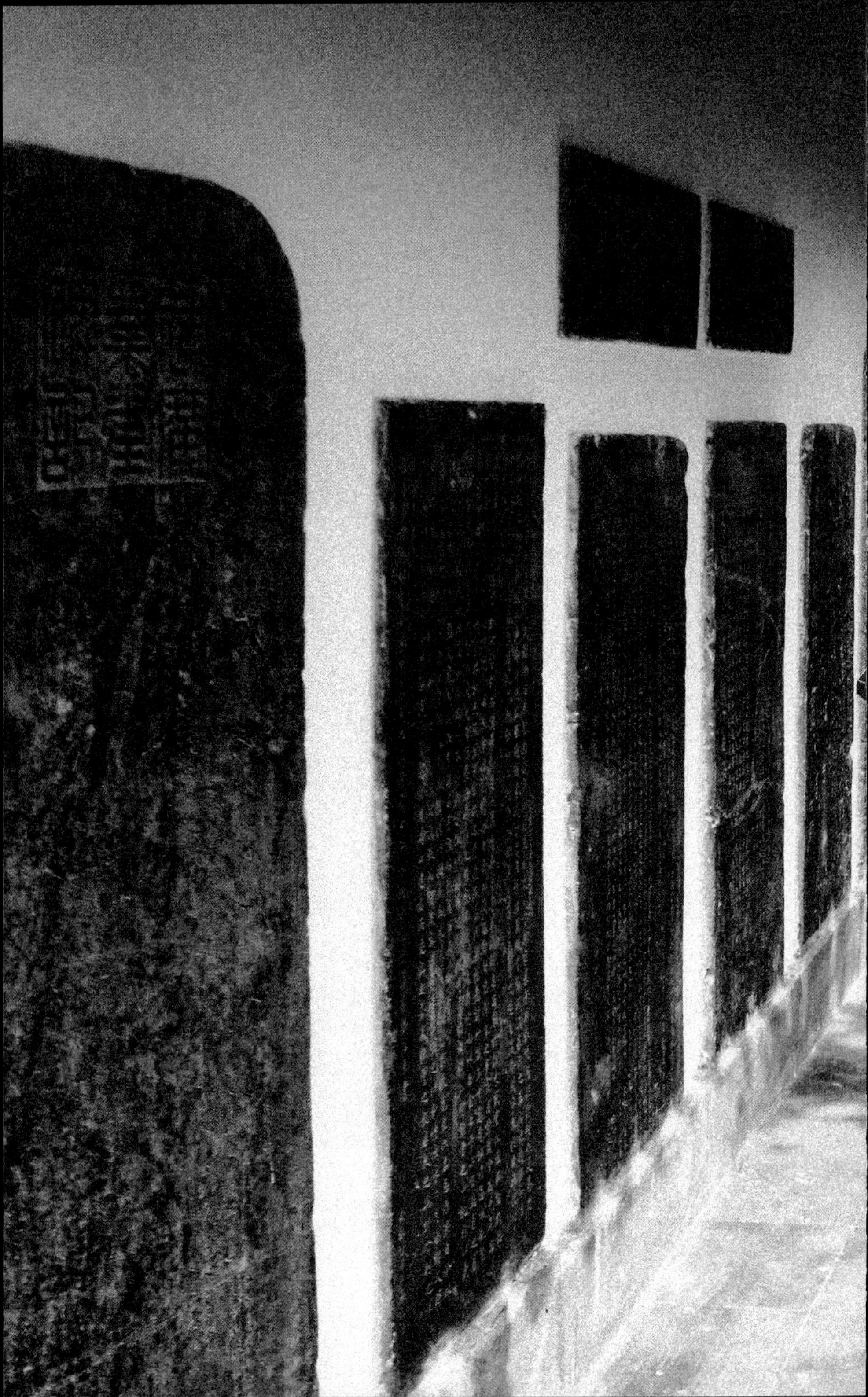

人文之邦

文庙棂星门

苏州长物·城

从古至今，苏州这片古老而富饶的土地，孕育着悠久的历史和璀璨的文化，涌现出一代又一代的杰出人物，留下了丰富而珍贵的人文资源。文脉赓续，弦歌不绝。直至现代，苏州的院士人数之多，在全国也是首屈一指的。

Q：苏州从何时开始人文兴盛？

A：经过长期开发，苏州的自然、人文环境得到很大改善。特别是宋代以后，苏州地区社会风气有了更为明显的变化，文人汇聚，文风渐炽。在崇文重教风气的熏陶下，苏州人视读书科举为出人头地、光宗耀祖、实现自身价值的最佳途径。

Q：苏州的人才具有怎样的特点？

A：历来苏州的人才分布在各个领域，包括文化界、艺术届、教育界、科技界、农学界等，并总是占据着领军的位置。直至现代，苏州的院士人数之多，在全国也是首屈一指的。所以可以总结说，苏州的人才具有多、广、杰、博的特点。

范仲淹创立的苏州府学——文庙

崇文尚学

从尚武到崇文

一般叙述都说在东周姬姓泰伯、仲雍让贤奔吴,带来中原文化礼仪之前,吴地是"断发文身、茹毛饮血"的蛮荒之地。其实在古代,江南是一片水乡泽国,人们以渔猎为生,他们的生活离不开水。在水中捕捞,

蛇是最大的危害，因此人们对蛇产生了一种敬畏的心理。慢慢将蛇神化为龙这种实际上不存在的东西，并对它进行崇拜。古代江南人"断发文身"，是因为"常在水中，故断其发，文其身，以象龙子，故不见伤害"。吴国也曾大败强楚成为一方霸主，有过短暂的霸主辉煌。唐宋之前，苏州地区出土墓葬中的随葬品大多是各种兵器，尤其是青铜或钢铁制造的宝剑，更是超过了其他大多数区域。至少到中古时代为止，苏州人都极端尚武。

在秦统一中国之前的商周时期，在中原化的进程中，苏州已经成为吴、越、楚政治中心或区域重地。秦统一之后实行的郡县制，秦置会稽郡，郡治吴县，所辖26个县，有些县名至今仍然沿用，例如丹徒、诸暨、鄞县、海盐、余杭等，还有些现如今不用的县名如阳羡（今宜兴）、由拳（今嘉兴）、乌程（今湖州）、乌伤（今义乌）等，所辖范围广大。到三国东吴政权的后期，又在东汉会稽郡中分出临海郡和建安郡，至孙皓时，于公元266年分会稽为东阳郡，郡治在长山县（今金华）。而吴郡一直保持着汉顺帝永建四年（129）的建置范围。孙吴政权统治苏州时期，相对北方来说，有一段和平时期，经济得到了长足发展。至公元280年，西晋大军顺流而下，孙皓会降于南京石头城下，三国归一，西晋一统天下。

西晋末年的"永嘉之乱"、唐末的"安史之乱"和"靖康之耻"之后的三次中原贵族大规模南迁，直接影响到了苏州地区文化发展的走向。隋代开启的科举制，是对原有贵族世袭制的一种补充，长期以来的五胡乱华，汉人贵族多死于战乱，以至于在北宋初年朝廷的选官制度完全依赖于科举制。以苏州为中心的江南各地长年水患不断，自隋代至北宋，中央不断委任科举人才任职江南，治水患，发展经济，使原来不太富裕的江南，变成了令人向往的富庶之地。南宋偏安江南的一段时期，农业获得了长足发展，善于治水的北方中原贵族，很快把这一本领同江南得天独厚的水田结合起来，大量圩田被开发，昔日的水乡泽国秒变为富庶的鱼米之乡。宋室南渡之后，给江南地区带来了整个社会巨大的繁荣，在农业水利方面，运用中原治水的经验，解决了太湖流域的长期水患问题，农业得到了大发展，苏州从此成为天下粮仓；从京城过来的官作手工业匠户，带来了手工业的大繁荣，苏州成为实至名归的工艺之都；大量文人南迁苏州，促进了苏州教育的大发展，苏州自此成为全国科举人才产生最多的状元之乡；从宋代开始风行的文人私家园林，使苏州成为名扬天下的园林城市；苏州的吴门画派引领了整个文人画的发展；在中医领域有吴医；在戏曲方面有百戏之祖昆曲，至今仍长盛不衰；城市建设也发生了巨大的变化，除了府县一级的城市之外，因北人南迁，一座座水乡小镇发展成为小型城市。

唐宋之后，苏州出土的古墓中，各种工艺品成了陪葬品的主流，两宋时的苏州也从一座农业城市变成一座人文气息浓郁的都市。明朝，作为资本主义萌芽城市，为满足东西贸易需求，苏州成了整个南方的手工业中心，是全天下数一数二的富庶地区。明清时的苏州，财货丰廪富甲天下，人文之盛举世无双。

朱买臣读书台

"负薪读书"

  苏州穹窿山地处苏州城西 20 公里的藏书镇,相传是古代青松子炼丹升仙处,因其山势高峻深邃,故名穹窿。穹窿山高峻挺拔且风光旖旎,山上古树参天,竹林成片,生长着紫楠、木荷、苦槠等 270 种名贵树木。全山长约 7.5 公里,主峰箬帽峰海拔 341.7 米,为太湖东岸群山之冠,素有"吴中第一峰"之称。

穹窿山有个朱买臣读书台,朱买臣(？—前115),是一个具有传奇色彩的人物,字翁子,西汉吴(今苏州)人,家住穹窿山下,生活贫困,以打柴为业,但他酷爱读书,坚持边劳作边读书。他常挑着担子去集市上卖柴,边走边读书,别人嘲笑他"负薪读书",后来,"负薪读书"同李密"牛角挂书"、匡衡"凿壁偷光"、车胤"囊萤夜读"的故事一起被视作我国古代名贤勤奋读书最具代表性的例子。后来,妻子也因为嫌弃而离开了他。朱买臣50岁时经同乡友人严助推荐(严助,西汉辞赋家严忌之子,严忌本姓庄,东汉时为避明帝刘庄的名讳,改其姓为严,后世遂称严忌,又尊称严夫子。严助郡举贤良方正,深受武帝赏识,又向汉武帝推荐了朱买臣),经汉武帝面试,因为他将《春秋》《楚辞》说得头头是道,当上了中大夫,后来又先后做过地方行政长官会稽太守(相当于现在的省长,治所在今苏州)及主爵都尉(相当于京都卫戍司令)。朱买臣当年做樵夫时,边劳作边读书,书册都藏在山中庙宇,不带回家去,后人将此庙称为藏书庙,所在地称为"藏书镇"。后人将朱买臣的家乡穹窿山上的一块磐石命名为"朱买臣读书台",相传朱买臣当年常在这里坐卧读书,石上刻明代学者、金石学家都穆题写的"汉会稽太守朱公读书之处"十一个字。覆水难收、衣锦还乡,这些成语的出典都是朱买臣,在尚未有科举的汉代,贫困寒士通过刻苦努力读书咸鱼翻身、加官晋爵的故事,通过戏文、传说流传甚广,也算是开吴地读书人风气之先。

文庙中的孔子像

兴学

苏州建学,始于唐代。天宝年间,节镇李栖筠在府治之南建立学庐,唐大历九年(774),县令王纲在文庙右侧设博士以训生徒。自北宋范仲淹创建府学、倡导兴学后,苏州教育事业日益发展,府学、县学相继建立。南宋以后又出现和靖、文正、鹤山、紫阳、平江、正谊学古堂等书院,知名学者不断涌现,蔚然成为东南文教之邦。元至正九年(1349)始办社学,明承元制续有发展,后又出现义学,清末又盛行私塾、义塾。苏州（长洲、元和、吴县）的旧式教育，为封建社会培养了大批知识分子。清政府颁布《壬寅学制》以前，苏州的新式学校已开始出现。光绪二十六年（1900）创建苏州中西学堂，后又将书院、义塾改为中、小学堂和蒙养学堂。

苏州府学，是北宋著名宰相范仲淹于公元1035年创立的，聘请著名教育家胡瑗为首任掌教，在此诞生了影响深远的"安定教法"，从此高举学术治校大旗，开尊师重教、东南学风之先，培养人才无数。苏州府学，办学地址没动，历史未断，公办性质不变，地面建筑大多还在，这是全国唯一，是我国教育史上的活化石。清康熙年间在尊经阁后创办的紫阳书院是校史上的又一高峰，乾隆皇帝六次驾临苏州，六次到紫阳书院，每次留诗一首。三位皇帝（康熙、乾隆、同治）为书院赐匾，培养了八位状元。1904年起办新学，江苏师范学堂，由罗振玉、王国维领衔。省立第一师范，被教育家杜威称为"中国最好的一所学校"。1927年，汪懋祖创办江苏省苏州中学，直到现在。名相办学，名流掌校，名师执教，名人辈出，成就了校史上的又一个难以逾越的高峰。

百年光阴如白驹过隙，如今苏州大地上仍有180多所中小学校逾百年而不衰。这些百年老校发端于府学、县学、私塾、书院、西方教会等新旧学体系，每一所百年老校都蕴含着自身独特的教育个性、治学风格、办学特色和人文精神。它们凝聚着苏州乃至中国百年甚至千年的优秀教育传统和精神，既有深厚的积淀，又充满活力，至今仍活跃在当代教育的第一线。

苏州长物·城

文庙楸树

五百名贤祠中的历代人物平雕石刻像

姑苏文盛，人才辈出

五百名贤祠

　　古典园林沧浪亭仰止亭北，有个著名的五百名贤祠。祠为面宽五间的小院，西是明道堂，北是清香馆，南有玲珑馆。祠南向，硬山顶，观音兜山墙，面阔五间，当中三间为堂，东西边间为侧室，前檐一界为轩廊，

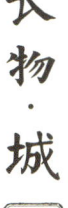

檐柱间设挂落,堂前步柱之间置落地长窗十八扇。据清同治十二年(1873)巡抚张树声《重建沧浪亭记》记载:道光丁亥布政史梁章钜重修,巡抚陶公澍复得吴郡名贤画像,五百余人,钩摹刻石,建名贤祠于亭之隙地。每岁,时以致祭。故祠额为同治时改题,非旧名。祠内有"作之师"额,取《论语》"作之君,作之师"句,这里取敬仰之意。月洞门上,嵌砖刻"周规""折矩"额,取《礼记》"周旋中规,折旋中矩"之句。此祠为道光七年(1827)陶澍所创,咸丰毁于兵火,同治十二年重建。祠中的三面粉墙上,嵌有594位历代人物平雕石刻像,为清人顾湘舟所刻。"五百名贤",只是取其整数而言。每方石刻像五幅,上面刻人像,靠右一行题有朝代姓名职衔。计刻石像119方，加上起首的署头石和题识石，共有碑石125方。每方高0.3米，宽0.8米。刻有从春秋至清代约2500年间，与苏州历史有关的政治、文学、循吏、经学、军事、理学、水利、医学、历算、忠节、孝义、隐逸等人物。

在594位历史人物中，有遗迹可考和为人熟知的人物占多数，大部分是苏州地区的乡贤，也有为数不少的外地人。其中有在苏州做过官、有功于吴人的"名宦"，有来苏州定居的"寓贤"，以及讲学、游历的名人。为首的是春秋吴王寿梦的第四子、三让王位的季札，还有主持建造吴国都城的伍子胥和"南方夫子"言偃；汉代有建议汉武帝"独尊儒术"的董仲舒、因为夫妻相敬如宾"举案齐眉"而传为美谈的梁鸿；三国时期有东吴丞相顾雍、"廉石"主人陆绩；晋代有文学家陆机、陆云和发"莼鲈之思"的张翰，书画家顾恺之；南北朝有学者、画家顾野王；唐代有名臣狄仁杰、李德裕、陆贽，"诗仙"李白，先后出任苏州刺史的中唐诗人刘禹锡、韦应物、白居易，晚唐诗人陆龟蒙，书法"草圣"张旭；五代时期有吴越王钱镠之子钱元；宋代有政治家范仲淹，文学家王禹、欧阳修，学者魏了翁、朱长文，史学家司马光，教育家胡瑗，抗金名将韩世忠，民族英雄文天祥，诗人苏轼、梅尧臣、苏舜钦、叶梦得、范成大、郑思肖，书画家米芾，词人刘过，水利学家郏亶；元代有画家黄公望、倪云林，文学家顾瑛，诗人杨维桢，医学家葛乾孙；明代有编纂第一部《苏州府志》的卢熊，治苏政绩卓著的名臣周忱、况锺、海瑞，抗倭名将任环、王秩，诗人高启，画家夏昶、沈周、唐寅、文徵明、刘珏、陆治、周天球、陈道复、钱穀、文伯仁、文嘉、文从简，书法家祝允明、王宠，篆刻家文彭，文学家徐祯卿、王世贞、归有光，戏曲家张凤翼，古琴家严澂，造园家文震亨，爱国学者顾炎武，高

五百名贤祠为姑苏一绝

官显宦王鏊、吴宽、顾鼎臣、严讷、申时行、王锡爵，东林党和复社文人张溥、顾宪成、高攀龙、杨涟、周顺昌、周宗建、缪昌期、文震孟，明末抗清殉节的瞿式耜、张国维、侯峒曾、杨廷枢、吴易、黄淳耀，隐士赵宧光、徐枋；清代有民族英雄林则徐，曾在苏州任江苏巡抚的名臣汤斌、慕天颜、宋荦、张伯行，画家王时敏、王原祁，文学家汪琬、尤侗、朱彝尊，学者惠周惕、惠士奇、惠栋、钱大昕，状元彭定求、彭启丰、缪彤、韩菼等。

根据记载，清道光七年（1827），江苏巡抚陶澍，在藏书家顾沅的辟疆小筑见到所藏吴中名贤画像300余幅，后又搜集到200多幅，加起来共有560多位名贤。陶澍命孔继尧一一临绘，并配以传赞，然后由沈石钰钩摹刻石。其时正当江苏布政使梁章钜主持重建

置身于五百名贤祠中,能感受到中华历史文脉的完整传承

的沧浪亭落成,亭旁有空地一方,乃于道光八年(1828)建屋为祠,并将石刻画像嵌列祠壁。咸丰十年(1860)至同治二年(1863),沧浪亭遭受兵火,祠堂荡然无存,石刻画像则大多幸存,所缺部分均按拓本加以重刻,又补刻了林则徐等画像,增加到594人,对原刻已经漫漶不清的也做了修整。同治十二年(1873),沧浪亭由江苏巡抚张树声重建落成,五百名贤祠也于同年重建竣工。

　　五百名贤画像均有所本,多数临自古籍,也有摹于名贤后裔家传

遗像的，故有一定的文献价值。同时，从中可以看出历代服饰的演变，可为研究古代服装史提供依据。五百名贤祠收录人物多、跨越年代长、图像绘制精，在清代石刻群像中实属罕见，堪称姑苏一绝。

封疆大吏、征战良将、地方官员、社会名流，有贡献于社稷的苏州人，或外地人有功苏地而为后人推崇的，皆可列入清道光年间沧浪亭所立名贤祠。初建即列名贤像赞570名，后又续增名贤600余名。名贤祠几经兴废，民国三十年（1941）重修后，尚存名贤像赞594名。

古代科技人物

在农耕文明到工业文明漫长的发展道路中,苏州古代科技不乏可圈可点之处。春秋时期,苏州冶金技术先进,冶炼水平高超,干将、莫邪铸剑的故事至今被传颂。三国孙吴时期,兴修水利,创新农具,农耕技艺达世界水平。造船航海技术,更是达到船载数百人、货完斛,出海远航到中国台湾、高丽、日本等地。魏晋南北朝时期,北方移民大量南迁,私家园林兴盛,造园技术日益提高。隋唐大运河开通,苏州逐步成为全国丝织品生产中心,产品远销海内外。

明清时期,苏州涌现出一批科学家、发明家和能工巧匠,在建筑、冶金、航海、光学、数学、天文、机械制造、医学等领域取得了卓越的成就。如造园家计成设计建造北京故宫,著《园冶》;文震亨著《长物志》;天文学家王锡阐在世界天文学史上首先提出水星凌日的计算方法,创造了比较准确的新历法;李锐的《开方说》,对中国方程理论做出了重大贡献;机械制造家薄珏制造了水铳、水车、地雷、地弩和铜炮等多种兵器,首次将"千里镜"配备于铜炮上观察目标;兵器专家龚振麟早于西方发明"铁模铸炮法";光学家孙云球研制出"老少花""望远镜""放大镜"等72种光学器具,其中有几种属于世界首创,所著《镜史》一书,为苏州光学手工业奠定了基础。当时苏州被后人誉为"光学之城",郊区新廓以磨制镜片出名,被誉为"光学之乡",其深厚基础一直影响至现代。

　　苏州古代历史上有一位世界级的科学家,那就是沈括。沈括(1031—1095),字存中,祖籍钱塘,其母是苏州人。他是北宋时代一位博学多才的政治家、军事家、外交家,更是一位了不起的科学家。他所著的《梦溪笔谈》内容丰富,涉及数学、天文、气象、地质、地理、物理、化学、生物、冶金、水利、建筑、农学、医药等众多领域,被英国史学家李约瑟博士称为"中国科学史上的坐标",其中记录的许多化学成就在当时独占鳌头。1080—1082年,沈括任延路经略使时,曾对石油资源的利用进行了科学研究。虽然关于石油的生产和应用早在汉代就有记载,但是利用石油的不完全燃烧生成炭黑、首先制作出"延川石液"墨代替"松木炭黑"的工艺,是由沈括最早总结的,并录于《梦溪笔谈》中,这是世界上最早的石油化学工艺。沈括预言:"……此物后必大行于世,自予始为之。盖石油至多,生于地中无穷,不若松木有时而竭。"秦汉时,我国已广泛应用铁器,劳动人民在长期的生产实践中早就发现了铁取代硫酸铜中铜的现象。沈括详细完整地记载了这一化学反应,这一反应被大规模用于铜的生产,称为"胆水浸铜",并用于工业废水中铜的回收。这是水法冶金技术的起源,是我国人民在世界化学史上的一个贡献。1075—1077年,沈括任三司使时曾主持改革盐法。他根据晶体的形状、颜色、加热时失去结晶水的变化及潮解等性质来鉴别物质。在今天，这仍是人们认识和辨别物质种类的常用方法。沈括还从陨石的外观和比重判定它的主要成分是铁，这是地球化学史上的一大发现。

特别值得一提的是吴中医学。千百年来，苏州杏林兴盛，名医辈出，医著浩瀚。自汉代至民国，有史料可查的，苏州就有医家2000多人，其中不乏名扬天下的大医学家：如宋元吴中世医第一家治痨圣手葛乾孙、医画双绝王履、温补学派开山祖薛己、"神医安道全"缪希雍、瘟病巨匠吴有性、硕医张璐、天医星叶桂（叶天士）、一代医杰薛雪、伤寒学派尤怡、苏派外科与"全生派"（也称"外症内治派"）王维德、鸿儒大医徐大椿、进士名医缪遵义、晚清御医曹沧洲等。杏苑名著1200余部（现存513部），其中对中医学发展产生过重大影响的医著有20多部。历代又出太医百余人，其中有太医院院使8名，世医百余家，其中传代最久、最为著称者为昆山郑氏二十九世女科，自宋末以来，世代相承，绵延至今近800年，成为中外医学史上罕见的奇迹。苏州老字号百年名药店有：宁远堂、诵芬堂、沐泰山、良利堂、童葆春、王鸿翥等。

吴中医学具有"儒医多、太医多、世医多、医著多、温病学说创自吴中"等特点。温病学派在明末清初形成，学派著名人物吴有性、叶桂、薛雪都是苏州人，他们的学说是中医划时代的发展。温病学说的创立，使中医学在急性传染病和危重感染性疾病的病因病机、诊断治疗方面取得了突破性进展，形成了完整的理论体系，成为一门独立学科，极大地丰富了祖国的医学内容，对中医学的发展起到了巨大的推进作用，并在相当长的时间内，其抗感染治疗学水平领先于世界医学。温病学说的创立与发展是吴中医学对医药学的一大贡献，在中国医学史上占有极其重要的地位。

苏州是名副其实的"状元之乡"

状元之城

  文化名城苏州，人杰地灵，文化灿烂。据有关资料统计，从隋炀帝大业三年（607）开科举取士，至清德宗光绪三十一年（1905）废止科举，近1300年间全国大约共出文武状元800名。但是，隋朝还没有"状元"之名，唐代始有"状元"之称。有人统计，自唐朝至清末（包括五代十国、辽金、太平天国），全国共出文状元596名；自宋至清末，共出武状元115名。苏州一地（按苏州市现所辖区域，历史上有吴县、长洲、元和、常熟、昭文、昆山、新阳、吴江、震洋、太仓、镇洋等县计算）共出文状元50名、武状元6名，分别占总数的8.38%和4.35%，为全国第一，是名副其实的"状元之乡"。

而且苏州曾多次蝉联状元，明代弘治六年癸丑科、弘治九年丙辰科的状元，分别为昆山毛澄、朱希周蝉联。清初顺治十五年戊戌科状元、十六年己亥科状元，分别为常熟孙承恩、昆山徐元文蝉联；康熙十二年癸丑科、十五年丙辰科、十八年己未科三科状元，接连为长洲韩菼、彭定求和常熟归允肃3人所蝉联；康熙五十一年壬辰科、五十四年乙未科、五十七年戊戌科三科状元，又被长洲王世琛、昆山徐陶璋、常熟汪应铨3人蝉联；乾隆三十一年丙戌科、三十四年己丑科状元，分别为吴县张书勋、元和陈初哲2人蝉联；乾隆五十五年庚戌科、五十八年癸丑科状元，又被吴县石韫玉、潘世恩蝉联。

苏州历史上一榜几进士之类的佳话美谈比比皆是，同榜二鼎甲的有近10对：明代嘉靖四十一年壬戌科一甲第一名状元是吴县申时行，一甲第二名榜眼是太仓王锡爵；天启二年壬戌科一甲第一名状元是长洲文震孟，一甲第三名探花是长洲陈仁锡。清代顺治十六年己亥科一甲第一名状元是昆山徐元文，一甲第三名探花是昆山叶方蔼；康熙十二年癸丑科状元是长洲韩菼，探花是昆山徐秉义；十五年丙辰科状元是长洲彭定求，探花是常熟翁叔元；五十一年壬辰科状元是长洲王世琛，探花是长洲徐葆光；五十四年乙未科状元是长洲徐陶璋，榜眼是吴县缪曰藻；乾隆四十六年辛丑科状元是"钱三元"——

潘世恩故居

长洲钱棨，探花是太仓汪学金。还有一岁同郡"三元"的：道光十二年壬辰科状元是吴县吴钟骏，会元是吴县马学易，解元是昆山潘钟。而钱棨连中三元，更是数百年之罕见。

苏州状元中有父子状元，如唐代长洲归仁泽与归黯；有兄弟状元，如唐代归仁绍与归仁泽；有祖孙状元，如清代长洲彭定求与彭启丰，状元陆润庠是康熙二十四年乙丑科状元陆肯堂的第七世孙；有叔侄状元，如吴县吴

苏州状元博物馆就设立在潘世恩故居内

廷琛与吴钟骏,清末常熟翁同龢与翁曾源。也有同胞三鼎甲、一门两鼎甲的:状元徐元文的两个哥哥徐乾学、徐秉义都是探花出身,状元缪彤的儿子缪曰藻是榜眼,状元彭定求的堂弟彭宁求是探花,状元王世琛是明代探花王鏊的裔孙,状元潘世恩的堂弟潘世璜是探花,潘世恩的孙子潘祖荫也是探花。还有明代太仓王锡爵、王衡父子都是榜眼，清代镇洋汪廷屿、汪学金父子都是探花。

前面写到的苏州名人故居，就有历经沧桑变化、至今留存的"状元府第"，目前，苏州城的状元府第保存较完好的是潘世恩的故居留余堂，位于苏州临顿路钮家巷3号，建于清嘉庆十四年（1809）。它坐北朝南，原有3路6进，称"太傅第"，现保存3路4进，占地2100多平方米。中路建筑全为3间，依次为门厅、轿厅、大厅、客厅。大厅两侧为西路第3进纱帽厅，面阔3间10米，进深11米余。还有苏州悬桥巷的洪钧故居，保存也基本完好。常熟翁同龢故居位于虞山镇翁家巷2号。原有5进，其中古屋"彩衣堂"为明代建筑，雕梁画栋保存着昔日的彩绘，现为省级文物保护单位。翁同龢祖母75岁寿辰时，适值清嘉庆皇后钮祜禄氏60大寿，江苏巡抚陈銮书"彩衣堂"匾额相赠，以表国恩家庆。彩衣堂今辟为"翁同龢纪念馆"，溥杰题书馆名。进门有"状元第"匾。馆内陈列翁同龢生平事迹、雕像及其书画、著述、实物等。

状元是苏州一道亮丽的风景线，历史传说无数，提起苏州状元，可能会让人联想到风流才子。其实，就如"唐伯虎点秋香"完全是子虚乌有的戏说，苏州状元还真的没有几个风流倜傥的，苏州56名状元中没有一名做驸马的，有的却是夫妻恩爱的情种。比如明代的朱希周、文震孟，清代的毕沅、潘世恩。

潘世恩，也就是前面我们说到过的收藏大克鼎、大盂鼎的潘祖荫的祖父，考中举人结婚后，打算放弃进京赶考，潘家父母担心儿子荒废学业，影响前程，暗中说通媳妇，假装反目，遂使潘世恩发奋苦读，全力准备赴京会试。等潘世恩于乾隆五十八年（1793）中状元回来时，其爱妻却因抑郁而死。他在妻子像前号啕大哭，责怪父母逼他赶考，失去爱妻，甚至打算出家做和尚。后来，他岳父出面，另觅一汪氏女子，称是潘妻的妹妹，说服他续娶。开始他信以为真，后来发现上当，懊悔不已。尽管后来潘世恩有汪氏、有侧室，生了五子五女，但数十年如一日，始终不忘结发之妻，每适忌辰，总要祭奠一番。

洪钧和傅彩云（即赛金花）的故事是个特例。光绪十年（1884），洪钧因母亲去世，回家丁忧守孝。两年后复职回京，临行前，友人请他到"花船"上吃花酒，巧遇傅彩云，后经朋友牵线，洪钧出了一笔钱替傅彩云赎身，光绪十三年（1887）正月十四日，正式娶进家门。不久，洪钧出使俄、德、奥、荷欧洲四国，傅彩云作为"状元大使夫人"随行。洪钧曾带她拜见过德国国王与王后，也曾见过欧洲"铁血宰相"俾斯麦。在德国时，傅彩云生了一个女孩，取名"德官"。他们曾游历过海牙、维也纳，到过法国巴黎、英国伦敦。洪钧与傅彩云一起生活了6年。光绪十九年（1893）八月，年仅55岁的洪钧在京病逝，傅彩云被迫离开洪家，无奈之下到上海重操青楼旧业。消息传到苏州，状元陆润庠等苏州士绅认为傅彩云有损苏州人脸面，遂迫使她离开上海。于是，傅彩云辗转天津、北京等华北大都市，先改名"曹梦兰"，后以"赛金花"闻名全国。1936年，这位曾为状元之妾的一代名妓病逝于北京天桥居仁里寓所。常熟曾朴的《孽海花》即以洪钧与傅彩云之事为创作素材，成为近代四大谴责小说之一。

状元宰相翁同龢与其父翁心存均为两朝宰相兼帝师，"两朝宰相，再世帝师，三子公卿，四世翰苑"，翁同龢任同治、光绪两朝皇帝的师傅长达30年，从5岁幼儿开始，悉心教育光绪皇帝23年，两人思想感情融洽，后因力荐康有为、梁启超，支持光绪变法，被慈禧太后逐回常熟老家。在27岁中状元之前，曾任刑部尚书，秉公执法，平反昭雪了很多冤案，轰动全国的"杨乃武与小白菜"一案，就是其中之一。

院士之城

在古代，苏州是状元之乡；在当代，苏州是院士之城。自1955年中华人民共和国诞生首批院士（学部委员）以来，我国目前已拥有2000多名两院院士（含外籍院士），其中苏州籍院士占了139席，名列全国大中城市之首，且涵盖各研究领域。这在全国大中城市中名列第一，苏州由此赢得了"院士之乡"的美誉。中国科学院院士和中国工程院院士（简称"两院院士"），是我国在科学和工程技术方面设立的最高学术称号，具有崇高的荣誉和学术上的权威性，代表我国科学技术的发展水平。

一方水土养一方人，苏州盛产状元和院士这一独特的文化现象，是苏州文化乃至江南文化崇文重教的基因衍生。

1985年，王淦昌在实验室指导惯性约束核聚变实验工作

苏州院士的成长、成才过程深得源远流长的苏州历史文化之浸染和熏陶，无一不与家乡有着深厚情缘。

苏州院士为我国科技创新事业做出了杰出贡献，其中有"863"计划的倡议者、参与者，有"两弹一星"元勋及国家最高科学技术奖获得者，如王大珩、王淦昌、杨嘉墀、程开甲、钱七虎等院士。1983年，美国提出"星球大战"计划，欧洲也有"尤里卡"计划，在世界上产生震动。具有强烈历史使命感的王淦昌和王大珩、

1981年，钱七虎为学员授课

杨嘉墀、陈芳允在同年3月联名给中共中央写信，提出《关于跟踪研究外国战略性高技术发展的建议》。此建议受到高度重视，中共中央、国务院批准了《高技术研究发展计划纲要》（即"863"计划），从世界高技术发展的趋势和中国的需求出发，选择了生物、航天、信息、激光、自动化、能源和新材料7个领域作为我国发展高技术的重点。从此，中国踏上了世界高科技竞争的起跑线。"863"计划的影响极其深远。

1948年，钱三强、何泽慧携6个月的女儿回国

　　苏州院士有着深厚的家学渊源。如表姐弟院士何泽慧与王守武、王守觉，均为明代大学士王鏊后裔，在他们的背后，是苏州东山莫釐王氏家族"诗书传家久"的熏陶与积淀。顾翼东院士出身于书香世家，高祖顾沅是清代著名的图书、金石收藏家和文学家。父亲擅代数，母亲善诗词。外祖父王同愈是晚清翰林、著名书画家，爱好几何学和天文学，外祖父对顾翼东的成长颇有影响，甚至他以后科研的方向也与外祖父有一定关系。外祖父在担任江西提学使时，曾随身带

1954年，顾翼东（右）指导研究生实验

回几块钨砂标本，告诉顾翼东这是比黄金还贵重的钨金。顾诵芬院士出生于苏州的一户书香世家，祖上系有着"江南第一读书人家"美誉的苏州名门唯亭顾氏。他的父亲顾廷龙是我国著名古籍版本目录学家、书法家，母亲潘承圭出自"天下无第二家"的苏州望族"贵潘"一脉。顾诵芬少时便立志航空报国，父亲也全力支持。钱易院士来自"一门六院士，半门皆教师"的鸿声钱氏家族，她的父亲钱穆是著名国学大师，曾在西南联合大学、武汉大学、四川大学等多所高校任教。

程开甲在空中核爆炸的高速摄影工号看试验胶片

"利在一身勿谋也,利在天下必谋之;利在一时固谋也,利在万世更谋之。"《钱氏家训》中的这句话,是鞭策着钱易在三尺讲台躬耕一生,为国家环保事业鞠躬尽瘁的一份积极推力。

很多苏州院士工作在外,仍始终关心和支持家乡苏州的建设与发展,无论是领衔设立研发基地、建立院士工作站、设立奖学金,还是著书立说、做学术或科普报告,无不倾心倾情倾力为之,他们的事迹不胜枚举……

部分1957年诺贝尔奖获得者，自左至右：博韦（Daniel Bovet，医学奖）、塔德（Alexander Todd，化学奖）、加缪（Albert Camus，文学奖）、杨振宁（物理学奖）、李政道（物理学奖）

  如程开甲院士十分关心家乡建设，尤其关注青少年科技文化教育。2007年，90岁高龄的他回到吴江参观，欣然为吴江青少年们留下他的衷心寄语："从小爱科学，努力打基础，长大成栋梁。"2010年，程开甲的铜像在母校盛泽实验小学（舜湖校区）落成。周干峙院士一直关心苏州的古城保护，长期以来，多次回家乡审查保护规划。1986年《苏州历史文化名城保护规划》就是他参与制定的。李政道院士关心家乡的中学生，1985年起在苏州设立"李政道奖学金"，奖励每年高考文、理科考生成绩最优者。汪集旸院士曾多次回到家乡吴江，并为吴江发展建设献计献策。2018年10月，汪集旸捐出了一年的院士工资60万元，在铜罗小学成立了汪集旸科技教育奖学金。

为讲好苏州院士故事、弘扬科学家精神，苏州市科协从2012年起便开展两年一度的苏州院士回乡活动，并编辑出版了《苏州院士》《苏州院士文学故事丛书》等图书，拍摄了系列人物专题片《苏州院士，致敬科学家！》等。2020年，苏州市确定每年7月10日为"苏州科学家日"，进一步打造服务苏州院士品牌，得到了王志珍、顾诵芬等30多位苏州籍院士的大力支持和参与。2021年，苏州市科协开通"苏州院士邮路"，专门向苏州籍院士寄送有关苏州的政策文件、市情书籍、风物特产、生日鲜花等。

院士们的生平事迹以及他们对国家的贡献彪炳千秋，永载史册！

图书在版编目（CIP）数据

苏州长物·城 / 苏州市科学技术协会编. — 上海：文汇出版社, 2024. 12. — ISBN 978-7-5496-4203-8

Ⅰ. K925.33；K295.33

中国国家版本馆CIP数据核字第2025J6V150号

苏州长物·城

编　　者 / 苏州市科学技术协会
责任编辑 / 吴　斐
装帧设计 / 李树声

出版发行 / 文汇出版社
　　　　　 上海市威海路755号
　　　　　 （邮政编码200041）
印刷装订 / 苏州市大元印务有限公司
版　　次 / 2024年12月第1版
印　　次 / 2024年12月第1次印刷
开　　本 / 889×1194　1/32
字　　数 / 50千
印　　张 / 5.5

ISBN 978-7-5496-4203-8
定　　价 / 58.00元